「団塊世代」から「さとり世代」まで
一気にわかる

阪本節郎
博報堂 新しい大人文化研究所
統括プロデューサー

原田曜平
博報堂 ブランドデザイン
若者研究所 リーダー

日本初!

たった1冊で
誰とでもうまく付き合える

世代論の教科書

東洋経済新報社

はじめに

なぜ日本では世代論が普及したのか？

かつて、日本ほど「世代論」が普及した国はありませんでした。

「団塊世代の歩いたあとは、ペンペン草も生えない」
「最近の新人類世代はバラバラで、まとまりがない」
「バブル世代は苦労知らずだ」

昔はどの職場でも居酒屋でも、こうした会話が頻繁に飛び交っていました。

新入社員、自分の上司、部下に対して、「○○世代」というレッテルを貼ることで、相手を理解したり、時には批判したり、話のネタにしたりと、「世代」という言葉を便利な会話のツールとして活用していたように思います。

また、世代論が使われていたのは、居酒屋や職場のオフシーンだけではありません。

日本企業のビジネスシーンにおいても、消費者分析の際の手がかりやマーケティング活動のターゲティング手法として、世代論が活用されてきました。

一見単一民族国家に近く、国土も狭く、世界的に見て極めて所得格差が少ない（少なかった?）日本人を分析するには、「世代」という概念が有効だったからなのでしょう。アメリカの「ジェネレーションX」「ジェネレーションY」、中国の「70后《チーリンホウ》」「80后《バーリンホウ》」など、世界のほかの国や地域でも一応の世代論はありますが、それよりも「住んでいる地域」「人種」「言語」「宗教」「（格差が大きいので）収入」といった要素のほうが国民を分類するのに有効だと考えられている国はたくさんあります。

そういった意味で、**日本は世界的に見ると、世代論がもてはやされやすい特殊な国家**だったといえるのです。

● 複雑な世の中だからこそ、世代論がますます重要に

ところが、人口のボリュームゾーンである「団塊ジュニア世代」（狭義では1971～74年生まれ）を最後に、世代論が日常的にもビジネスシーンにおいても、あまり語られなくなっていきました。あるいは、非常に世代論が乱立し、微細な世代論が語られるようになっていったともいえます。

かつて、あるメディアの方から「ミニモニ世代の特徴について意見をください」という質問を受け、腰を抜かしそうになったこともあります。ミニモニ世代とはいったい何歳から何歳までの人を指していたのでしょうか。

どうやら日本に経済格差が生まれ、人の趣味嗜好も多様化し、世代論が適用しにくくなってしまったようです。

もともと世代論とは、科学的なものではありませんから、これを妄信しすぎることは危険です。**ターゲットを正確に理解する前に、まずは大雑把に特徴を把握する、そのための便利で粗い道具**であったはずです。「なんとなく納得度が高い」程度の存在だったはずです。

そのうえ、最近は「イクメン」や「婚活」、あるいは「草食男子」「負け犬」「ウーマノミクス」といった、細かな流行りの時代のキーワードばかりが氾濫し、日本人を分析するうえで、何を拠り所にしていいのかわからなくなってしまっているところもあります。

「世の中が複雑化・細分化している現代だからこそ、まずは大雑把に人間を分類して大枠をつかむことが、かつて以上に重要になっているのではないか」

「世代論の有効性を日本人が見失い始めている現在だからこそ、最新の研究成果を踏まえ、ふたたび世代論を提唱したい――」

本書が生まれたきっかけは、ここにあります。

激動の日本の戦後史を「世代」を通じて振り返る

本書では、世代を断片的に見るのではなく、団塊世代からさとり世代までの「世代」を見ていきたいと思います。

言い換えれば、「世代」という切り口を通じて、戦後の日本の歴史を俯瞰するという試みです。激動の歴史を生きた日本人の価値観や生活の変遷を改めて振り返ることで、これからの日本の行く末を見定めることがその狙いです。

世代を通して俯瞰して見たとき、**「団塊世代」と「団塊ジュニア世代」の2つが、ちょうどその節目に当たります**。

「団塊世代」で戦後が一段落し「戦争の呪縛」から解放され、日本の本格的な若者文化が始まりました。そこから若者がトレンドセッターとなり、「ポパイ・JJ世代（ポスト団塊世代）」「新人類世代」と続き、「バブル世代」で絶頂期を迎えます。

それがバブル崩壊を境に、一転して「団塊ジュニア世代」から右肩下がりの時代に入っていきました。格差問題もこのころから始まっています。「さとり世代」は生まれたときから右肩下がりの時代であり、そうした社会・経済状況がさとり世代の性格にも大きな影響を及ぼしているといえそうです。

いま日本は転換期にあります。

未曾有の少子高齢化社会、人口減少社会に急速に向かう中、既存のさまざまな制度が疲労を起こしています。従来からよくいわれてきた「流行は若者から」「シニア・中高年は時代から取り残された人たち」といった固定概念も大きく崩れつつあります。ビジネスの現場でも、最近は「若者はとらえにくい」「シニア・中高年は難しい人たちだ」という議論が盛んになされています。モノやサービスを提供する企業側と、実際にモノやサービスを利用する生活者側で大きな意識のギャップが生じているのです。

このようなギャップを解消することなしに、転換期を迎えている新しい日本のビジネスを考えることはできません。そしてそのためには、**日本に生きるそれぞれの世代がどのような時代背景に育ち、どのような価値観をもって生活をしているかを改めて整理し直す必要があります**。

その整理が十分にできたかどうかは読者の皆様の判断に委ねるしかありませんが、少なくともその緒につくことはできたと思います。

「おやじたらし」「若者理解」のバイブルに

本書はいわゆる「世代間ギャップ」を埋めるためにも活用いただければと思います。

「あの年代の人たちは、なぜああなんだろう？」

「どうして、あんな言い方や態度をするのだろうか？」

上司と部下、先輩と後輩、親と子、地域や近隣の集まりなどのコミュニケーションの場において、少し離れた年代の人たちに誰もが日常的に感じる違和感を解消することにも役立つはずです。

違う世代に違和感を覚えたときに、「そうか、あの年代にはそういう特徴があるのか」とわかれば、納得できることもあるかもしれません。今後のその世代との接し方に役立つスキルも身につくかもしれません。

若者たちはおやじ世代のことをろくに知りませんが、企業の採用状況が厳しく、若者の就職が困難な時代では、「おやじたらし」にならないと生きていけません。ぜひ本書を**「おやじたらしのバイブル」**として活用してください。

一方、おやじ世代も「いまの若者はわからない」と嘆くばかりで彼らとのコミュニケーションをあきらめてしまっては、部下との絆も育めませんし、ビジネスの可能性を閉ざしてしまいます。ぜひ本書を**「若者の言動を理解するためのバイブル」**として活用していただきたいと思います。

本書の第7章では、「クロスジェネレーション」というテーマで、異なる世代がどう有機的に交流・交際していくべきかというテーマも取り上げています。

たとえば、かつて団塊世代の多くが現役サラリーマンだったころ、「団塊世代」と「ポパイ・JJ世代（ポスト団塊世代）」は会社でもすぐ上、すぐ下の先輩、後輩の関係にあり、あまり相性がよくないといわれることもありました。

その一方で、少し離れた「団塊世代の男性」と「バブル世代の女性」の相性はよかったという面もあります。

また、「団塊世代の母親」と「団塊ジュニア世代の娘」は年齢の離れた友人のように仲がいいのですが、さらに「新人類世代の母親」と「さとり世代の息子」も一緒に旅行に行くなど非常に仲良しだったりします。

「どの世代とどの世代の相性がいいか」

「この世代はあの世代とどう付き合えばいいか」

「この世代とこの世代をセットにマーケティングターゲットととらえると成功する」

クロスジェネレーションという概念の下、違う世代とのうまい付き合い方、効果的なマーケティング方法を考えるヒントを提示したいと考えています。

こうしたさまざまな方法で、本書をご活用いただければ望外の喜びです。

気鋭の中高年研究者と若者研究者が共同執筆

本書は、博報堂新しい大人文化研究所統括プロデューサーの阪本節郎と、博報堂ブランドデザイン若者研究所リーダーの原田曜平が執筆しました。

10代から30代までを研究対象としている団塊ジュニア世代の原田と、40代から60代以上を研究対象とし、団塊世代とポパイ・JJ世代の中間に位置する阪本が、それぞれの研究成果を持ち寄り、日本におけるほぼすべての世代を語り尽くすことが本書の特徴であり、**類書にない日本初の試み**です。

各章の執筆は、「団塊世代」「ポパイ・JJ世代（ポスト団塊世代）」「新人類世代」「バブル世代」を阪本が主に担当し、「団塊ジュニア世代」「さとり世代」を原田が主に担当しています。

クロスジェネレーションにおける各世代間の関係分析・比較分析などについては、阪本・原田がそれぞれの視点を活かして意見を交わし、解説や提言を行っています。

本書をお読みになって、もちろん（これは世代論につきまとう限界でもあるのですが）「自分は違うぞ」と感じる読者の方もたくさんいらっしゃると思います。

生まれ年で切らざるを得なかったために、「自分はその前の世代や後の世代のほうが近い」と思う方も多くおられるでしょう。また、その中間という方もいらっしゃるでしょう。

本書を完成させるにあたっては、ある程度思い込みで記さざるを得なかった部分も多々あります。ご批判ご叱咤いただきつつ、より適切な見方を導き出す糧にしていただければと思います。

本書が読者の方々の人間関係やビジネスのためのヒントになり、またアフターファイブの酒の肴になるなどコミュニケーションが生まれるきっかけになれば幸いです。

2015年9月

阪本節郎
原田曜平

日本初！ たった1冊で誰とでもうまく付き合える世代論の教科書──【目次】

4 団塊世代の恋愛・結婚――恋愛婚が主流に、そして友達夫婦へ――047

5 団塊世代の消費のツボ――時代の先端を担いたい――060

第6章 さとり世代
「私」の連携と同調、「消費離れ」へ【原田曜平】

3【さとり世代】の消費・文化の歴史――最も豊かだった幼少期―― 210

4【さとり世代】の恋愛・結婚――恋愛よりも同性重視へ―― 219

第1章

団塊世代

「公」と「私」の逆転、私生活でイノベーション

【阪本節郎】

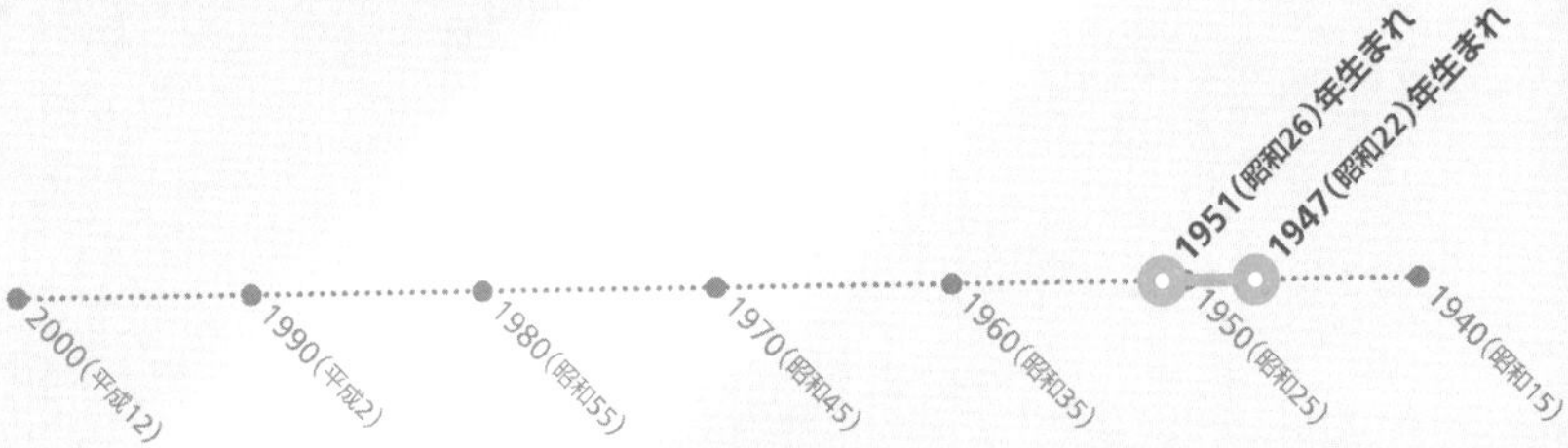

区分

真性団塊世代は、1947〜1949（昭和22〜24）年の3年間に生まれた人で、現在、60代の半ばから後半の人たちです。広義の団塊世代は1951（昭和26）年生まれまでの人で、60代前半からとなり、60代の中心がほぼ団塊世代となります。真性団塊世代が約700万人、広義の団塊世代を合わせると約1000万人います。本書では、主に広義の団塊世代にフォーカスを当てて解説をします。

1【団塊世代】の時代背景

時代背景❶

終戦後、世界的なベビーブームが到来

第二次世界大戦後、戦地から若い兵隊が復員してきて、就職、結婚しました。

当時は見合い結婚が主流。戦地から若い男性が戻ってくると、とくに若い女性の親が強く結婚をすすめ、みんなが結婚し、この時期にたくさんの子どもが生まれました。

こうしたベビーブームは、世界的な傾向でもあります。

アメリカは１９４６年から始まっています。戦勝国だから早かったともいえるでしょう。しかもアメリカは、１９６４年までベビーブームが続きました。

アメリカの男性は会社が夕方に終わったらすぐに帰宅して、よきパパをしなければならない――豊かなアメリカが長期間のベビーブームをつくったといえます。

一方、日本では終戦後しばらく経つと、経済復興が始まりました。

すると日本の男性は軍服をスーツに着替えて、滅私報「国」が滅私奉「公」になり、会社第一の生活が始まることになりました。

朝から晩まで働き、その後は上司や同僚と「おい、ちょっと飲みに行こう」となる。

夜中に酔っ払って帰宅し、また朝早く出勤する。家庭で過ごす時間は非常に短い。

そういうわけで日本ではベビーブームが長くは続かず、基本的には1947年（昭和22年）から1949年（昭和24年）の3年間、広くとっても1951年（昭和26年）までの5年間しか続かなかったのです。

2 【団塊世代】の特徴

特徴 ❶

同世代の数が多いので、競争意識が強い

団塊世代の特徴といえば、生まれてからずっと激しい競争の中で生きてきたので、競争意識の強さが、まずあげられます。

団塊世代の人数は非常に多いため、子どものころから学校に行っても常にすし詰め状態でした。

小中高と1クラス50人強という状況で、「階段教室」の学校まで登場しました。

いまの大学の階段教室のことではありません。教室から文字通り人があふれてしまって、本当に階段が教室にならざるを得なかったのです。

そのような状況で、団塊世代の人たちは何事においても競争が激しく、しのぎを削ってきました。いつも周囲に後れてはいけないという環境に置かれたわけです。

特徴❷

「封建性」と「革新性」が共存している

団塊世代の性格に関する大きな特徴の2つめは、**「封建性」と「革新性」が共存している**ことです。

終戦直後という時代の境目に生まれたため、前の世代までの「封建性」と、新しい時代のものを積極的に取り入れていくという「革新性」の両面という、本来は相容れないと思われるものを、自分の中で整理がつかないままもっているのです。

「団塊世代の歩いたあとは、ペンペン草も生えない」などと揶揄されたのは、彼らがもつ「封建性」の部分が前面に出たからだと思います。

しかし、同時に彼らは「革新性」ももっており、それは私生活の面で発揮されることになりました。

特徴❸

「公私の逆転」が起こり、「私生活」を確立

「ペンペン草も生えない」という言葉と同様にその下の世代から指摘されるのは、「団塊世代の人たちって結局、何もしていませんよね」ということです。

たしかに仕事の面では、その上の世代も下の世代もがんばったわけで、団塊世代だけの特徴をあげることはできません。

しかし、彼らは前述した「革新性」を「私生活」の面で発揮し、大きな変化をいくつも起こしました。

それが**「公私の逆転」**です。彼ら自身がどれだけ意識していたかは別として、**団塊世代がはじめて日本に「私生活」というものを持ち込み、確立した**のです。

団塊世代は人数が多いので、厳しい受験競争があり、当時は「四当五落」といわれました。4時間睡眠なら大学に合格するけれども、5時間睡眠では落ちるというわけです。

しかしその一方で、勉強ばかりしているやつは「ガリ勉」と呼ばれ嫌われました。反対に、音楽やファッション、車などの情報をよく知っていて、それについて語れるやつが「すごい」と思われるようになります。

まさにここで価値観としての「公私の逆転」現象が起きました。つまり、**「私生活をもっているやつがえらい」という風潮が生まれた**のです。

これは、団塊世代が日本社会に与えた最も大きなインパクトであるといえます。

「公私の逆転」と「私生活の確立」が、後述する若者文化を育て根づかせることになり、それと同時に、古い「公」、すなわち国家や家、大学の権威を否定するという意味で、ベトナム反戦運動や学園紛争につながっていきます。

「戦争の呪縛」から解放された最初の世代

終戦直後のベビーブーマーだった団塊世代は、幼少時から戦後民主主義教育や欧米文化に触れて成長しました。そのため、それ以前の世代と異なり、**「戦争の呪縛」から解放された最初の世代**でした。

団塊世代が青春期だった1970年に「戦争を知らない子供たち」という歌が流行ったのが非常に象徴的です。

団塊世代より前の世代にとっては戦争は非常に重いものでしたが、戦後に生まれた団塊世代にその重石はなく、「戦争なんか知らないよ」と歌えたわけです。同時に、団塊世代は、ベトナム反戦も訴えます。このように、**戦争に対して公然と「反対」と主張できたのも、団塊世代ならではの画期的な特徴**でした。

こうした戦争を知らないという特徴は、世界中のベビーブーマーにも共通のもので、当然親の世代との価値観の対立が起こり、**「ジェネレーション・ギャップ」**という言葉が世界中で流行しました。

その後、団塊世代は、自身の親世代とのギャップ経験を通じ、「子は親に従うべし」という従来型の親子関係を、自身の子育てにおいても変えていくことになります。

しかし、その一方で団塊世代も、じつは重石を抱えていた部分もありました。それは**「思想の呪縛」**です。

当時、世界は米国を中心とした自由主義陣営とソ連を中心とした共産主義陣営に大きく二分される（米ソ冷戦）など、「思想」が政治や文化に対して上位に置かれていました。日本においても、大きく分けると、「保守」と「革新」、端的にいえば、「右」と「左」、政党でいえば、「自民党」「社会党」という2つの立場が存在し、団塊世代はその中で「思想」の選択を迫られていました。

学園紛争に学生生活をかけた人たちも多く、一部の団塊世代は、新左翼・新右翼という新しい立場を確立しようともしましたが、それも新たな「思想」には変わりがありませんでした。

団塊世代は「戦争の呪縛」からは解放されていたものの、この「思想の呪縛」からは自由になり切れなかった世代だといえると思います。言い換えれば、「思想」がいまだに「個」を縛り付けている時代だったともいえるでしょう。

1969年、東大紛争。安田講堂に放水
（朝日新聞フォトアーカイブ）

3【団塊世代】の消費・文化の歴史――日本を若者文化の社会にした

消費・文化の歴史❶

「第一次テレビっ子」とアメリカドラマの洗礼

1959年の皇太子殿下ご成婚をきっかけに、一気にテレビが普及しました。このとき1947年生まれの人は12歳、1949年生まれの人は10歳です。つまり、真性団塊世代が小学校高学年のころに、テレビが家庭にどっと入ってきたのです。

そういう意味で、彼らは**「第一次テレビっ子」**です。

テレビ番組では**「月光仮面」「赤胴鈴之助」「鉄人28号」「鉄腕アトム」**が放映され、人気を博します。最初は実写版でしたが、これがいまのアニメにつながっていきます。

ただ、当時はまだ民放が開局したばかりで、アメリカのドラマを買いつけてきて放送していました。**「名犬ラッシー」「ララミー牧場」「ローハイド」「サンセット77」**などです。

「名犬ラッシー」はアメリカの比較的豊かな農家の話で、その家のコリー犬の名前がラッシーでした。当時の日本のちょっと裕福な家へ

1959年、皇太子殿下ご成婚
（朝日新聞フォトアーカイブ）

名犬ラッシー
（Lassie／State Archive of Florida）

行くと、必ずといっていいほど、コリー犬を見かけるようになりました。

「サンセット77」はアメリカの若者を描いたドラマです。「ローハイド」には若き日のクリント・イーストウッドが出演していました。

団塊世代の人たちは、こうした「アメリカの生活文化」が自分の生活の中に入ってくるという、はじめての体験をするのです。

消費・文化の歴史❷

欧米文化を自分のものとして受け入れた最初の世代

こうした体験がアメリカ東部の学生ファッションとしてのアイビールックの大流行にもつながっていきます。

1962年にはアメリカのバンド、ベンチャーズが来日します。

ベンチャーズは、エレキギターがメインでボーカルのないインストゥルメンタルバンドです。真性団塊世代が中学生から高校生のときにベンチャーズとエレキギターに触れて、その音に魅せられます。

この時点では、若者の意識はアメリカ文化に向けられていましたが、やがてイギリスからビートルズが来日。さらに、ザ・ローリング・ストーンズ、ザ・フー、ビージーズ、ザ・ビーチ・ボーイズ、サイモン

1966年、ビートルズ来日
（朝日新聞フォトアーカイブ）

＆ガーファンクルなど、イギリスを中心にアメリカからもたくさんのバンドが出てきて、団塊世代はそれらをどんどん受け入れていきました。

「モテたい」から『平凡パンチ』『週刊プレイボーイ』が創刊

彼らはなぜエレキギターとアイビールックに夢中になったのか――。

その理由は**「モテたい」気持ちが半分以上だった**といっても過言ではありません。

とかく団塊世代というのは男性ばかりが注目されますが、そういう意味では、**じつは女の子あっての団塊世代**ということがいえます。

この「モテたい」という動機を背景に、1964年に**『平凡パンチ』**（平凡出版、現・マガジンハウス）が創刊されます。大橋歩さんのイラストが表紙で、アイビールックの若者たちが描かれていました。1966年には**『週刊プレイボーイ』**（集英社）が創刊され、**『平凡パンチ』**と**『週刊プレイボーイ』**は団塊世代の男性の愛読誌となっていきます。

男性化粧品が出てきたのも、このころです。

ライオンの**「バイタリス」**（1962年）、資生堂の**「MG5」**（1963年）といった整髪料を使う目的は、明らかに「カッコよくなりたい」「モテたい」でした。

続いて出てくるのが、女の子に「モテそうな」車です。

トヨタ**「2000GT」**は1967年、日産自動車**「フェアレディZ」**が1969

『平凡パンチ』創刊号（1964年4月）

『週刊プレイボーイ』創刊号（1966年10月）

年に登場。そして、日産自動車「愛のスカイライン」のCMキャンペーンが1969年から始まり、まさに女の子と二人で乗ろうというキャンペーンが展開されます。**合同ハイキング、略して「合ハイ」を始めたのも団塊世代**です。男女合同でハイキングをすることで、それが後の合同コンパ、略して「合コン」につながっていきます。**団塊世代の前の世代までは「ダンパ」**でした。かなりフォーマルな装いで男女がダンスパーティーをしていたのですが、団塊世代の若者たちから男女の付き合い方がカジュアルになっていきます。

若者文化を最初に始めた世代

一方、1960年代から1970年代に音楽の分野で新しく出てくる潮流が、ボブ・ディランやピーター・ポール&マリーなどのフォークです。ベトナム反戦という社会的な動きが出てきて、彼らがフォークソングに乗せて反戦を歌ったのです。そこから関西フォークが出てきて、これが次のニューミュージックになっていきます。

ベトナム反戦歌や関西フォーク、ニューミュージックという大きな流れの中で、ファッションの分野ではジーンズが登場します。アイビールックのあとはジーンズをはき始め、男の長髪もこのころに出てきました。周辺的な商品としては、「コカ・コーラ」

コカ・コーラ
（日本コカ・コーラ）

（瓶入り）が1957年に登場し、一気に若者の飲み物になります。

ポップスやロック、ストリートライブ、シンガーソングライター、ジーンズ、男の長髪……。これまで日本に影も形もなかったものが、この時期に若者のファッションとして続々登場したのです。

これらはすべて現在の日本にもあり、渋谷に行けば当たり前のものばかりです。そのすべてはこの時代から始まっています。

そういう意味で、**団塊世代がここで、それまで日本にあった大人文化を数の力とあいまって払い除け、日本における本格的な若者文化を最初に始めた**ともいえます。

日本社会にはじめて生まれた「消費のトレンドセッター」としての若者像、言い換えれば、若者が消費・文化をリードしていくという傾向は、ここではじめて登場し、後のバブル世代の若者たちまで連綿と受け継がれていくことになります。

日本ではじめてミニスカートをはいた団塊女性

このころ、女性のファッションではミニスカートが登場します。ビートルズ来日の翌年、1967年にイギリスのモデル、ツイッギーが来日し、一世を風靡しました。

じつは団塊世代の女性たちが、はじめて日本でミニスカートをはいた勇気ある女性たちということです。彼女たちは同時にジーンズもはくようになります。**ジーンズや**

『non·no』
創刊号
（1971年5月）

『anan』
創刊号
（1970年3月）

1967年、ツイッギー来日
（朝日新聞フォトアーカイブ）

ミニスカートという今日では当たり前の若者のファッションは団塊世代の女性が始めたものです。

このように、ファッションに敏感な団塊女性たちを対象にして、1970年に『anan』（平凡出版、現・マガジンハウス）が、1971年には『non・no』（集英社）が創刊されます。

いま女性ファッション誌は書店にあふれていますが、**『anan』『non・no』以前に「女性誌」はなく、世の中には「主婦誌」か「婦人誌」しかありませんでした。**

『主婦と生活』（主婦と生活社・1946年創刊）と**『主婦之友』**（主婦の友社・1917年創刊）が二大主婦誌で、**『婦人之友』**（婦人之友社・前身の『家庭之友』が1903年創刊）と**『婦人公論』**（中央公論社、現・中央公論新社・1916年創刊）が二大婦人誌でした。そこにはじめて『anan』『non・no』という女性誌が出てきたわけです。

『anan』『non・no』は、まさにミニスカートやジーンズをはくような女性たちにファッションや小物、雑貨を提案したり、「出会いの旅」という新しい旅のスタイルを提案しました。行き先は金沢、萩、津和野などが人気でした。

出会いといっても、恋愛を求めての出会いではありません。女性同士数人で旅行し、土産物を売っているオジサンや、伝統工芸を守っているお兄さんたちとの出会いです。

その土地の人と話をし、木工細工などに触れる。それまでの名所旧跡を訪れる、いわゆる物見遊山的な観光旅行から、旅の概念が大きく変わっていきました。

そうした旅のスタイルをはじめて『ａｎａｎ』『ｎｏｎ・ｎｏ』が紹介し、団塊世代の女性たちはあちこちに出かけます。こうした彼女たちは**「アンノン族」**と呼ばれるようになりました。

マンガ誌の登場

マンガ誌は、**『週刊少年マガジン』**（講談社）と**『週刊少年サンデー』**（小学館）が1959年に創刊されました。

『少年マガジン』をキャンパスにはじめて持ち込んだのも彼らです。

それまでの大学生は学生服を着て、分厚い専門書を抱えて図書館に入ったのが、団塊世代からはTシャツにジーンズで、小脇に『少年マガジン』を挟んで喫茶店に行くというスタイルに一変しました。

彼らが卒業し始めた1968年に**『ビッグコミック』**（小学館）が創刊されます。

中間管理職になりかけた1982年には**『モーニング』**（講談社）が創刊され、1983年から「課長 島耕作」が連載開始。彼らの出世とともに「部長 島耕作」「社長 島耕作」になっていきました。

『少年マガジン』創刊号（1959年3月）

『少年サンデー』創刊号（1959年3月）

彼らは子どものものだったマンガを、ずっと上の年齢層に持ち上げていったのです。

消費・文化の歴史 ❼

「インベーダーゲーム」で本格的にゲームで遊ぶ

いまはスマートフォン上でも当たり前になっているゲームが最初に本格的に世の中にあらわれたのは、**「インベーダーゲーム」**が登場したとき、つまり1978年でした。

当時、ヤングサラリーマンだった団塊世代が、仕事をサボッて喫茶店でチュンチュンやっていました。いまのゲームとは雲泥の差の原始的なものでしたが、シューティングゲームとして、当時のヤングサラリーマンや学生・高校生を虜にしました。

その子どもたちである団塊ジュニア世代がファミコン上の**「スーパーマリオブラザーズ」**や**「ドラゴンクエスト」**でゲーム文化をつくっていったのもうなずけるところです。

消費・文化の歴史 ❽

『赤頭巾ちゃん気をつけて』（1969年）

団塊世代の革新性が現代の若者にも受け入れられている

小説は、1969年に同時代の若者の心象風景を描いた庄司薫の**『赤頭巾ちゃん気をつけて』**（中央公論社）が芥川賞を受賞します。北方謙三は1947年生まれの団塊世代で、1970年、大学在学中にデビューしました。村上春樹も1949年生まれの団塊世代で、1979年に**『風の歌を聴け』**（講談社）でデビューします。

団塊世代は下の世代から敬遠されてしまう傾向もありますが、村上春樹はその後の

村上春樹
『風の歌を聴け』
（1979年）

若者にもずっと受け入れられています。なぜでしょうか。**村上春樹が支持される理由は、団塊世代がもっている「革新性」の部分が若者に受け入れられているから**だと思います。

団塊世代が下の世代に嫌われるのは「封建性」の部分であって、それは団塊世代より前の時代の古い価値観です。

しかし、団塊世代は「封建性」と同時に「革新性」ももっています。同じように、ビートルズやニューミュージックがいまでも受け入れられているのは、「革新性」の部分でしょう。**いまの音楽の原点がこの時代にたくさん生まれている**のです。

反体制的、バッドエンドな映画もこの時代から

映画は、1960年代後半から1970年代にアメリカン・ニューシネマが登場しました。**『明日に向かって撃て！』『俺たちに明日はない（ボニー&クライド）』『イージー・ライダー』『ワイルドバンチ』**などが代表的な作品です。

そのころまで主流だったハリウッドベースではなくて、しかも低予算というのが、ひとつ大きなポイントとしてあります。

ストーリーとしても、それまでの勧善懲悪とは一線を画し、悪人を主人公にして、そのドラマ性を描き出す映画が多くつくられました。

『イージー・ライダー』は不良青年の映画ですし、『明日に向かって撃て!』は主人公がギャングです。『俺たちに明日はない』は銀行強盗を続けた男女二人組の話です。

しかも、『俺たちに明日はない』など結末がバッドエンドの映画も多く、**大ヒットした映画でバッドエンドというのはこれがはじめて**ではないでしょうか。そんな革新的な映画がこの時代から出てきます。

それ以前の映画は、いってみれば勧善懲悪のハッピーエンド。いい保安官と悪漢が出てきて、悪漢をやっつけるという単純明快なものでした。

それが、これ以降は単純ではなくなり、いまに通じる映画になっていきます。

グルメブームの到来

グルメブームも彼らがはじめて起こしたものです。1980年前後、団塊世代がヤングサラリーマンだったときに東京・荻窪のラーメン店「春木屋」や「丸福」が有名になり、ラーメンブームが起こりました。

ちょうどそのころ、料理評論家の山本益博(1948年生まれ)がグルメ本を出版してメディアにも登場し、「食べ歩き」のようなことを始めます。

このように、彼らは私生活の面で大きな「革新」を次々と起こしていきました。

団塊のファーストウェーブ、セカンドウェーブへ

こうした、団塊世代が日本にはじめて起こした若者文化の波を**「団塊のファーストウェーブ」**といいます。彼らは1970年代から1980年ごろに結婚し、子どもをもうけて「ニューファミリー」と呼ばれますが、そうした2つめの波を**「団塊のセカンドウェーブ」**といいます。

団塊世代から、核家族にも変化が起こりました。友達夫婦・友達親子による**「友達家族」の誕生**です。

それまでは、家庭においては「子は親に従うべし」という家父長制的な考え方が支配的でしたが、団塊世代からその傾向が少しずつ変わっていったのです。

前述したように、団塊世代は自分の親とのジェネレーション・ギャップを経て成長しました。そして、その反動で、自分が親になったときに、子どもに対しては、自分の価値観を押し付けることはしませんでした。

「君たち、自由にやりたまえ」といって、子どもを押さえつけなくなったのです。

そのため子どもの側も「親には従うべき」という意識をもたなくなっていき、その結果、「友達家族」という言葉に象徴されるように、家族は自立した人間の集団に徐々に変化していきました。

団塊世代が「ニューファミリー」と呼ばれたころ、はじめて本格的な乗用ワゴン車が登場します。1979年に、トヨタからワンボックスワゴンと銘打って発売された「ライトエースワゴン」です。本当に売れるのかという心配もありましたが、「ニューファミリー」を始めた団塊世代に支持されヒットしました。

団塊世代は「友達家族」をワゴン車に乗せて、山や川へキャンプに出かけました。当時、団塊世代は「スニーカーミドル」、すなわちスニーカーをはいたミドルとも呼ばれました。

ライトエースワゴン（トヨタ自動車）

4【団塊世代】の恋愛・結婚——恋愛婚が主流に、そして友達夫婦へ

恋愛・結婚 ❶

はじめて「デート」と「同棲」をする

団塊世代は、はじめてデートをした世代です。

山本リンダの歌「こまっちゃうナ」の中で「デート」という言葉が出てきますが、それまではデートという言葉も一般にはありませんでした。「逢い引き」や「ランデブー」という言葉が使われていました。

まだ「不純異性交遊」という言葉もあって、とくに高校などで先生に「不純異性交遊はいけませんよ」などといわれ、グループ交際をすすめられたりもしました。

しかし、団塊世代の若者たちは、先生や親と喧嘩しながらデートをします。デートに行って、その後しばらくすると「同棲時代」になります。

1972年に『**漫画アクション**』（双葉社）で「同棲時代」というマンガの連載が開始されました。同棲も団塊世代が始めたものです。少し前までは「不純異性交遊」だったのが、5年ぐらいで「同棲」まで行ってしまった。

そういう劇的な変化がありましたが、デートや同棲は男だけではできません。女性がいて、はじめて成立するものです。

女性がデート、同棲をする、という行為はそれまで日本社会ではタブーとされていました。

大正時代のはじめに女性の解放を訴えた先駆者、平塚雷鳥は、デートや同棲を行って世のひんしゅくを買い、物議をかもしましたが、それから50年以上を経て、ようやくデートや同棲がこの世代で多くの若い女性たちによって広がり、一般的になり始めたのです。

戦中派の母親が、娘の恋愛を密かに応援

しかも、娘のデートを承認したのは戦中派の母親でした。

戦中派の母親は娘時代ずっと戦争だったので、「自分には青春がなかった」という思いが強くあります。

女学校時代も軍需工場に動員されて働かされ、同年代の青年は戦地にいる。デートや同棲どころか、楽しいことが何もありませんでした。しかも戦争が終わると、親が「あの人と結婚しなさい」というから、まあそういうものかなと思いながらお見合いで結婚した。

だから、自分が母親となって、娘が男性と出かけるのを最初は父親とともに反対していましたが、だんだん認めるようになっていきます。

自分にはなかった青春を娘には体験させてやりたい。「いいわよ。お父さんには黙っているから。あなた行ってらっしゃいよ」と送り出しました。

もちろん戦中派の父親は結婚前の娘の交際など絶対に認めませんが、母親は娘の恋愛を密かに応援していたのです。

見合い婚と恋愛婚の割合が逆転

団塊世代が若者のときにデートをし、一部の若者は同棲をするようになったことで**見合い婚と恋愛婚の割合が逆転**していきます。

見合い婚は家族制度の中である種、押し付けられる面がありました。

それまではずっと高度成長はしていても封建的な色彩が残る世の中だったので、「結婚相手は自分が決めるにしても、見合いを親がお膳立てするのが常識」だったのです。

「女性は家事手伝いをして、適齢期になると親にすすめられて結婚していくもの」と誰もが思っていました。女性が家の中にいることが極めて常識だったことが、見合い婚が主流だった要因でもあります。

それが団塊世代になると、自分の意志で恋愛し、結婚相手を選択するようになります。前述した**「公私の逆転」が特徴的にあらわれているのが、見合い婚と恋愛婚の割合の逆転**だともいえます。

また、同年婚がこのころから増えていきます。

団塊世代は男女共学の中で、はじめて女の子が男の子を「君（くん）」づけで呼びました。それまでは「さん」づけが普通で、小中学校でも「さん」づけでした。男の子は女の子に対して呼び捨てか、丁寧にいう場合は「さん」づけでした。

女の子が男の子を呼ぶときに「君」づけするというのは、男女が対等になったということです。それで、同年婚や友達夫婦も生まれるようになったわけです。

「ウーマン・リブ」に共感しながら、専業主婦にならざるを得なかった

1960年代後半にアメリカで**「ウーマン・リブ」（女性解放運動）**が起こります。それが日本にも広がり、団塊世代の女性たちも大いに共感します。

実際の活動に参加した女性は少数でも、何らかの共感は大きく広がったといえるでしょう。1970年には第1回ウーマン・リブ大会が東京で開催され、これが後の男女雇用機会均等法（1986年施行）につながっていきます。

しかし、彼女たちが会社に入り、結婚するころは、まだ男女雇用機会均等法がなかったので、自分たちが主張しても、あるいは能力が非常に高くても、実際に男性と同等の仕事をするのは困難でした。

当時は、有名国立大学を首席で卒業した女性がアルバイトで働くというようなことが普通にありました。

男性と同じように仕事をしようと思う女性は、だいたい「結婚をとるか仕事をとるか」という選択を迫られ、仕事を一生続けたいなら「結婚はあきらめる」ということ

ヤシノミ洗剤 台所用
詰め替えパック
（サラヤ株式会社）

にならざるを得ませんでした。そして、「結婚をとった」女性たちの多くは会社を辞め、専業主婦になっていきました。

じつは団塊世代の女性は、専業主婦率がいちばん高くなっています。

「男性と同じように仕事を思い切りしたい」と思いながらも、現実には専業主婦にならざるを得なかったという思いが彼女たちの中に強くあるのです。

家庭で「生活の革新」「消費の革新」をしていく団塊女性たち

家庭に入っていった団塊女性たちは、今度は家の中から**「生活の革新」**と**「消費の革新」**をしていくようになります。

１９７０年代に、公害問題や合成洗剤の問題が起こりました。この合成洗剤問題に声をあげたのが、専業主婦になった団塊世代の女性たちでした。彼女たちが有リン洗剤は問題ではないかと主張したのです。

その声に応えて、１９８０年に**「無リン（衣料）洗剤」**、１９８２年には**「ヤシノミ詰め替え（台所）洗剤」**が発売されました。

彼女たちが「無駄はやめよう。洗剤のボトルを何度も使い捨てにするのはおかしい」と言い出したからです。

つまり、**いまでは当たり前になっている「詰め替え」という発想を**

『クロワッサン』
創刊号
（1977年4月）

はじめに言い出して使い始めたのも、団塊世代の女性たちなのです。

１９７７年に**『クロワッサン』**（平凡出版、現・マガジンハウス）が創刊されます。まさに彼女たちが結婚してニューファミリーをもち始めたころのことで、『クロワッサン』は新しい生活のつくり方を提案し、彼女たちはそれを支持していきました。１９８０年には**「無印良品」**が発売開始されます。それまでのごてごてした生き方ではなく、シンプルな暮らし方を団塊世代の女性たちが支持したことで、無印良品が人気となりました。つまり、**無印良品の第一世代も団塊世代の女性たち**です。

『ａｎａｎ』『ｎｏｎ・ｎｏ』『クロワッサン』や無印良品、自然派洗剤、詰め替え洗剤——。

こうして並べてみると、いまにつながるテーマばかりです。

それを最初に主婦として、生活者として担い、声をあげて、メーカーと一緒に開発してきた、それがじつは団塊世代の女性たちなのです。

団塊世代はとかく男性が注目を集めがちですが、そういう意味で、**男性が社会に入ってからはサラリーマンとして前の世代に同化していったのに対し、女性は生活者として非常に力をもち、世の中を革新し続けていた**ともいえるのです。

団塊パワーは女性パワー、女性が消費を動かす鍵になる

実際、団塊世代が定年を迎えたときに**「団塊消費」**が喧伝されましたが、送り手が思ったようには動かず、失望感が広がりました。

それは団塊男性に期待したからともいえます。

じつは、社会現象を起こすという意味でも、個人消費という意味でも、動くのは団塊女性のほうです。**「団塊世代は女性が鍵を握っている」**といえるのです。

その端的な例がいまだに続く韓流ブームです。

団塊世代とその前後の女性たちが**「冬ソナ」**でヨン様現象を起こし、そこから、「韓流ブーム」という大きな社会現象が生まれました。そして、「韓流ビジネス」という大きな経済効果ももたらしています。「韓流」はヨン様以前には影も形もなかったものであり、じつに大きな力だといわざるを得ません。

若いときに世界中でビートルズ旋風を起こしたのは「ポール、ポール」と泣き叫んでいた女の子たちであり、その直後に起こった日本のグループサウンズブームも、当時の女子高生が泣いたり失神したりして大きな社会現象になりました。

成田空港に到着するペ・ヨンジュンさん
（2004年11月・AFP=時事）

そもそも本来の団塊パワーは女性パワーで、男性パワーはそれについていったといっても過言ではありません。少なくとも消費につながる社会現象という意味ではそうです。

韓流ブームが起こったときに、「どうしていまどきの中高年女性がこんなに熱くなるのかよくわからない」ともいわれましたが、そもそも若いころにグループサウンズブームを起こした経験があり、子育てを経てふたたびそのパワーを爆発させたと考えれば、不思議なことではないわけです。

このパワーはその後、**「石川遼君ブーム」**をつくり出し、**「羽生結弦君」**を応援し、**「錦織圭選手」**を見て自分もまたテニスを張り切るなどの社会現象を生み出しています。

韓流ブームでさらに重要なのは、若者から団塊前後の女性たちに波及したのではないということです。**彼女たちがイノベーターであり、若者はフォロワー**なのです。

若者が時代の先端なのではなく、団塊とその前後の女性たちが時代の先端で、そこに若者がついてきた、それだけのパワーを彼女たちが秘めているということです。

女性を視野に入れておかなければ、団塊アプローチは難しいといえるのです。

恋愛・結婚 7

団塊世代から「祖父母」が変わる

「団塊3世代」というのは団塊世代、団塊ジュニア世代、その子どもを指します。

日本の最大ボリュームマーケットですが、団塊世代はその親がまだ存命の人が少なからずいるので、厳密にいうと**「団塊4世代」**です。

ここで、また団塊世代から「祖父母」が変わっていくことがいま起こっています。

まずひとつは、**「おばあちゃんと呼ばせない」**ということが始まっています。「○○子さん」「○○ママ」などと孫に呼ばせています。

自分の母か義母が存命なので、そちらが本当のおばあちゃんだという気持ちもあるのでしょう。「おばあちゃん」と呼んだだけで叱られてしまうので、孫もなかなか大変です。

3世代のあり様も大きく変化します。

従来は「核家族といたわるべきお年寄り」が一般的でしたが、団塊世代からは「夫婦ともに多忙なファミリー（子ども家族）と元気なエルダー」です。

これまでは、休日のお出かけも、ワンボックスワゴンの後部座席におじいちゃんとおばあちゃんを乗せてのものでした。それが、団塊世代からは、仕事で休日も忙しいヤングママにかわって、祖父母が定年の記念に買った真っ赤なスポーツカーで早朝に孫を迎えに行き、高速道路を疾走してテーマパークに向かうのです。

団塊世代から「子育て・孫育て」が変わる

現在、60代半ばから後半の団塊世代の女性たちは、一方で親の介護をしながらも、もう一方で、団塊ジュニア世代の娘が仕事をするのを応援しています。

前述したように、「自分は仕事を続けたかったのに、専業主婦にならざるを得なかった」という思いがあるので、娘に対して**「あなたは仕事をがんばりなさい。男なんて、たいしたことないんだから」「家事や育児は私が手伝ってあげるわよ」**と励ましているのです。

ヤングママは残業しなければいけないし、出張にも行かなければいけない。となると、いちばん頼りになるベビーシッターは自分の母親なので、母親に頼むことが多くなります。

団塊世代の女性は子どもと近居、隣居をしながら、**「孫ケア」「孫育て」**をしています。

団塊世代の孫ケア、孫育ては、頼む側も頼まれる側も自嘲気味に語られていることが多いのは、「育児は若い母親がすべてすべきだ。100%、自分で育児するのが理想だ」という価値観が、戦後日本で核家族化が進む中で生まれたからです。

しかし、農村部に行けば嫁は貴重な働き手です。田んぼに行って働くのが当然。その間、赤ん坊の世話はおばあちゃんがしていたのです。

育児を親に頼んだり、ベビーシッターなど外部に頼むことを「育児の社会化」と最近よくいいますが、多世代で子どもを見ていくのは本来の姿だともいえます。

これからは、もっと堂々と**「母娘子育て」**や**「2世代子育て」**をしていいのではないでしょうか。そういう先駆けのスタイルを、また団塊世代の女性たちがやっているといえます。少なくとも、これからはどんどん一般的になっていくはずです。

マスメディアもこれを特殊な状況として扱うのではなく、積極的に支持すると、「そうなのよ。年のせいでちょっと疲れるけど、私が先駆けでやっているのよ」と団塊世代の女性たちはまたがんばってくれるはずです。

孫消費──孫のファッションコーディネートをする祖母

団塊の世代の孫たちは、いま小学生から中高生ぐらいです。

それまでの祖父母はよくわからないまま孫のゲームや洋服を買い与えていましたが、団塊世代の祖父母は違います。インタビューをしたときに、前田美波里さんが「孫のファッションコーディネートをしています」と言っていましたが、まさにそれです。

「あなたはスカートじゃなくて、パンツにしなさい」などとファッションのアドバイスをする。**お金も出すけど、口も出すのが特徴**です。「春はあれが流行って買ったから、夏はこれにしなさい」「秋はこの色にしなさい」と関与していきます。

西鉄の
「妖怪ウォッチ電車」
（朝日新聞フォトアーカイブ）

よく、いまの子どもたちは両親とそれぞれの祖父母で計6つの財布**「6ポケット」**があるといわれますが、**「口も出す非常に関与度の高いポケット」**になっているのです。孫にせがまれてお金を出すのではなく、自分からあれこれアドバイスしながらお金を出す。口も出すから、お金もさらに出てくるわけです。**「妖怪ウォッチ」**もこうした祖父母が支えていたのです。

孫のファッションコーディネートができる祖母が登場したということは、大きな変化です。さすが日本ではじめてミニスカートをはいた勇気ある女性たちです。**まさに団塊世代の女性が、いまも真っ先に世の中を変えていっている**のです。

そういう部分をどんどんマスメディアが肯定的に紹介すれば、もっと孫消費が喚起されるでしょう。

団塊女性の夢は家カフェ

では、団塊世代の女性たち自身が、これからやりたいことは何でしょうか？

夫が定年退職するときに、団塊世代の女性たちに調査したことがあります。「夢は何ですか」という質問に対して、複数の人が**「家カフェ」**と答えました。

自宅の1階をカフェにして、お友達や近所の人が来て、ちょっとお茶が飲めるスペースにしたい。そこでビジネスをして儲けようというのではなく、「みんなが集まれる場をつくりたいわね」という感じです。そういう夢を団塊世代の女性たちはもっています。

こんな感覚をもちながら、娘と一緒に孫育てをしていくという新しいタイプの祖母が、いま生まれつつあります。ここには、いろいろな消費の可能性と新しい家族のスタイルが始まりつつあるといえるでしょう。

5 【団塊世代】の消費のツボ——時代の先端を担いたい

消費のツボ❶

メディアとともに消費する

いまの団塊世代は仕事をリタイアし、私生活中心の状況に入っています。

彼らは私生活の面で「革新」を起こしてきたので、**またこれから「団塊のサードウエーブ」が起きるかもしれません**。それが期待されます。

では、団塊世代の消費を喚起するにはどうすればいいか。消費のツボはどこにあるのでしょうか。

団塊世代の人たちは「第一次テレビっ子」だったせいもあり、非常にマスメディア

との親和性が高いという特徴があります。テレビや新聞、雑誌で「これが流行っている」ということに敏感に反応してきました。

団塊世代に聞くと「オレはテレビなんかに左右されない」「マスコミに踊らされない」というのですが、そこには「テレビより早く流行をリードしている」ぐらいの気持ちがむしろあるからでしょう。彼らはテレビとともに歩み、時代のトレンドをつくり出してきた「第一次テレビっ子」なのです。

消費のツボ ❷

ラジオへの信頼度が高い

また、彼らが「オレはテレビなんかでモノを買わないよ」というのは、ある面で本音でもあります。

フォークやニューミュージックが登場したとき、団塊世代のシンガーソングライターたちは「テレビに出ないこと」がひとつの矜持《きょうじ》でした。テレビに出ないことで、ファンの共感を呼んだのです。

ファンは「テレビに出ないフォークやニューミュージックのあいつら、いいよね」という共感性がありました。要するに、仲間だから信用できるという感じです。

団塊世代のシンガーソングライターたちは、ラジオにはよく出演します。団塊世代のアーティストとリスナーにとっては、ラジオは同じマスメディアでも、テレビや新聞などの媒体とは少し違っているようです。

つまり、**ラジオは団塊世代にとって親和性の高いメディア**で、オールナイト放送、深夜放送というのも彼らとともに始まったものです。またFMでイージーリスニングやニューミュージックを聞くということも彼らが始めました。

「仲間大好き」ゆえに「仲間消費」に商機あり

団塊世代の人たちは仲間意識が強く、仲間で集うことが大好きです。同窓会や同期会もよく開きます。

彼らのそういう面をうまく突くと、**「仲間消費」をしてくれる可能性**があります。主婦が友達と一緒に旅行したりするのも、この団塊世代からです。夫も、もともと仲間が大好きなので、夫婦で仲間とパーティーをするといった**「仲間消費＋夫婦消費」**も期待できます。

こうした「仲間が楽しい」という価値観が団塊ジュニア世代にも受け継がれ、さらにその子どもの世代にも受け継がれ、その流れが世の中全体の潮流になっているのかもしれません。

団塊世代には、**「仲間のいうことなら信用できる」**という感覚があります。それが下の世代にも波及して、いまマスメディアではなく、携帯電話やソーシャルメディアによる仲間とのコミュニケーションにつながっている。

つまり、昨今の「仲間消費」は源流をたどれば、団塊世代が始めたことだともいえるのです。

消費のツボ 4

新しいもの、みんなが価値を認めるものが好き

もうひとつ団塊世代の消費のツボは、新し物好きということです。

戦後、新しいアメリカ文化を次々と自分の生活に取り入れていった世代なので、**「新発売」「日本初」「世界初」というフレーズが比較的好き**だといえるでしょう。

そして、ある程度仲間が使い始めると一気に広がります。横の競争が激しい世代ということも大いに関係しているでしょう。

デジタル一眼レフカメラを友達が使っていると聞けば、自分も高価なレンズを買い揃えたくなる。誰かがギターをまた始めていると聞けば、ギブソンやマーチンなどの高価なギターを自分も買ってみようかな、となるわけです。

彼らは形から入ります。格好をつけられることは大事なことでもあるのです。

消費のツボ 5

プライドをくすぐる――どこまでも時代をリードしたい

もともと団塊世代は消費意欲が強いのですが、だからといって何にでもお金を使う

わけではありません。送り手がいいものだと思うものをすすめても、なかなか難しい面があります。

地道なプロモーションをコツコツやっても、それだけでは砂地に水を撒くようで効果がありません。新聞記事やテレビの番組で取り上げられたり、ＣＭが流れたりすれば、「そうか、これがやはり時代の先端か」となるわけです。

さらにいうと、団塊世代にいかに消費させるかという「団塊消費話」はよく語られますが、それでは団塊世代はヘソを曲げるだけです。**「結局、大きな財布だろ。オレたちの財布を当てにしているんだろう」**と。それでは動いてくれません。

彼らが時代の担い手であることを前提とする必要があります。それが重要なポイントです。

こんな笑い話があります。

『日経ＭＪ』の２００５年度ヒット商品番付で、ｉＰｏｄが「横綱」になりました。当時、あるセミナーで団塊世代の男性が手をあげて、「私は怒っている」と言い出したのです。

「何事か」と周囲が気を揉んでいると、「ｉＰｏｄが今年のヒット商品番付の横綱になった。あれは若い人が買ったから横綱だと書いてあったが冗談じゃない。オレだって買っているんだよ」と怒るのです。

「自分の世代が買っていることが新聞に載っていない」といって怒るのは団塊世代くらいのものでしょう。

いまは「オバサン、オジサン、バアサン、ジイサン」としかいわれないので、消費の面でかすんでしまっているのです。**実際、それまでずっと団塊世代が時代の担い手だったので、そこを大事にすると、彼らの心が動く**のです。

消費のツボ❻

いまの「時代の担い手」であることを評価する

同じ文脈でいえば、韓流ブームに乗っている女性をメディアで取り上げる際に、「オバサンがこんなに来ちゃって大変だ」「オバサン、いったいどうしちゃったの」というスタンスでしか語られないのは、消費という面では大きな問題だと思います。

これだけ大きくなって、いまだに続いている現在の韓流ビジネスは、彼女たちが起こした「冬ソナ」ブーム以前には皆無でした。

「この人たちが時代の新しい流れをつくっている」ということをもっと客観的に評価する必要があります。そうすれば、「そうよ、そうよ。私たちが韓流ブームをつくったのよ」と、いま以上にパワフルに動いて消費してくれるはずです。

常に「オバサンたちが熱狂」というスタンスでばかり取り上げていると、消費を促すという意味ではマイナスでしかありません。

音楽についてもそうで、「それはあなたたちが最初に支持したものですよね」ときちんと評価することです。**現にSMAPがこれだけ広い層に長く支持されているのは、じつは団塊世代の母親と団塊ジュニア世代の娘が支持しているから**ともいえます。

「この人たちがいまのトレンドをつくっている」と評価すれば、さらに消費してくれるのに、じつに惜しいことです。とくに彼女たちはもうひとつのボリュームゾーンである団塊ジュニアの娘と「母娘消費」をしているので、いまの世の中で最大の消費の力といっても過言ではないでしょう。

消費のツボ❼

「夫婦歩み寄り」消費にチャンス――夫の料理教室がやりたい習い事1位

こうした現在の団塊世代にも、残念な問題がひとつあります。それが**「夫婦すれ違い」現象**です。

以前、実施した調査では、「生まれ変わっても、いまの配偶者と一緒になりたいか」という問いに対し、男性は5割が「いまの奥さんとまた一緒になりたい」と答え、「一緒になりたくない」が13・7%、残りは「どちらとも言えない」であるのに対し、女性は「一緒になりたくない」が27・6%、4人に1人強という衝撃的な結果でした。

この原因は、主に夫が家事と育児にタッチできなかったことにあるでしょう。熟年離婚が一時大きな話題になったのもこうした背景があるからです。

高齢男性が料理手習い
（1987年、朝日新聞フォトアーカイブ）

しかしながら、これも団塊世代からは解決の可能性があり、現在まだら模様で修復が進んでいます。それは、団塊男性に定年後にしたい習い事を聞いたときに、楽器教室やパソコン教室などをおさえて、料理教室が1位だったからです。

これは男の料理をはじめてブームにした世代であり、趣味と実益を兼ねているから1位になるのです。

家事の中で最も大変なのは料理なので、それを夫のほうから「今日は自分がやろうか」といえば、「やっと少しはわかってくれたのね」という気持ちにもなる。**団塊世代からは、ようやく「濡れ落ち葉」卒業が始まっています**。

さらに、もっと本質的には、はじめてデートをして恋愛婚が主流になった世代なので、そのときのことを思い出す、すなわち「定年して暇になったので自分の見たい映画を見ようか」ではなく「妻が見たい映画は何だろう、妻が行きたいレストランはどこだろう」と考えれば、たちまちそのギャップは解消するわけです。

彼らは結婚当初「ニューファミリー」と呼ばれたのですが、そこへ立ち返って、ふたたび**「友達夫婦」**に戻ることができれば問題は解決するわけで、**定年後、「夫婦歩み寄り」現象がまだら模様で進んでいます**。

「妻のためにしてあげたい」優しさをうまく突く「エスコート消費」

この「友達夫婦」の先にあるのが**「エスコート消費」**です。

団塊世代は仕事現役時代、企業もまだ余裕があったためビジネスクラスで海外出張に行くこともできました。そこで団塊世代の夫はリタイア後に、**「妻をビジネスクラスで海外旅行に連れて行ってやろうか」**と思うわけです。

新聞の夕刊や土日の広告を見ると、「ビジネスクラスで行くヨーロッパ」「ビジネスクラスで行く優雅な旅」などビジネスクラスを使った海外旅行ツアーが目につきます。不況でビジネス客が少ないため、各航空会社が旅行代理店にシートを提供していることとあいまって、これが団塊世代に人気となっています。

これは妻への優しさと同時に、空港のラウンジの使い方から何から教えることができます。デートをしていたころの感覚を思い起こし、「彼女のために何ができるだろう」「どうしたら喜んでもらえるだろう」と日夜考えて努力していたころに戻る、結婚した当初を思い出すということです。

ちなみにゴルフも妻と一緒に行く方もいますが、奥さんがもたついたりすると、コースの後ろを回っている人に先を譲って、「お前が下手くそだからだ」と夫婦喧嘩になったりします。ゴルフなどは、本当は定年後の夫が妻に教えることのできる数少な

『50歳を超えたらもう年をとらない46の法則』（2014年）

いことのひとつなので、きちんとコーチをしてあげれば尊敬されるわけですが……。

いずれにせよ、**団塊世代は「妻のために何かしたい」という優しい面があるのは事実**です。ここはかなり重要なポイントで、**うまくツボを押せば「エスコート消費」が期待できる**でしょう。

ヨーロッパにあって日本になかったのは**「大人文化」**です。

これはほかならぬ団塊世代がかつて若者文化に一変させてしまったわけですが、まさに、日本に「新しい大人文化」が生まれる可能性があります。詳しくは拙著『**50歳を超えたらもう年をとらない46の法則**』（講談社＋α新書）にも記しましたので、ご参照ください。

団塊世代の夫がエスコートする「大人の二人」によるシネコンのプレミアムシートや演劇・コンサート鑑賞、ジャズクラブ、グルメなレストランでの夜景を見ながらのディナーなど、核家族のファミリー消費ではない**「大人消費」**が始まろうとしています。

消費のツボ 9

「日本ではじめて○○した人」が殺し文句!?

何はともあれ団塊世代は、私生活で日本社会にイノベーションを起こしてきました。

「あなた方は日本ではじめて女性をエスコートする人たちです」などというと、「そうなんだよ。やっとわかったのか」と前のめりになる。

「あなたたちは日本ではじめて○○した人です」、これがキーワードです。

2007年に団塊世代のリタイアが始まり、期待されたほど消費が伸びないという話がありました。当時、年金不安や後期高齢者医療制度の開始決定があったうえにリーマン・ショックが起きてしまったので、身構えてしまったという面があります。

また、リタイアと同時に退職金を湯水のごとく使い出す人はいないわけで、我々の調査でも**「退職金の半分は貯蓄する」**という結果でした。しかしながら、「定年生活全体では消費が定年直後の17%から25%と1・5倍使う」となっていました。

実際、2010年ぐらいから徐々にこのショックも和らぎ、定年後の生活にも慣れてきて、旅行需要が出てきました。

国内旅行ではクラブツーリズムが始めた「大人の社会科見学」が団塊世代のとくに男性向けのヒット商品になっています。これはウンチク好きの彼らに実際の現場を見られる機会を提供するのと同時に、NHKのテレビ番組「**プロジェクトX**」の延長にあり、自分たちが仕事でやってきたことを確認できる場にもなっているわけです。

多少余裕が出てきて、こうした「おとなの社会科見学」や「ビジネスクラスでの海外旅行」にどんどん目が向くようになっています。

2011年3月の東日本大震災でいったんショックを受けましたが、早くも4~5

月には回復して、東北3大祭りなども旅行会社によってはすぐに予約がいっぱいになったといわれます。現在は旅行だけでなく、アベノミクスもあって消費全体が動き出しています。

消費のツボ 10

家にじっとしていられないので街をブラブラする

団塊世代の男性は、定年をしたからといって、家にじっとしてはいられません。とにかく動かないと落ち着かない。

片方で奥さんも、家で亭主にゴロゴロと一日テレビを見ていられてもかなわない。そこで、とりあえずとにかく団塊男性は家を出ます。では、どこへ行くのか。

東京の場合、たとえば神田の古本屋街に出かけます。古本屋街をブラブラ歩いて、店のおやじに「司馬遼太郎がねえ」といっていると、知的なおやじに見えなくもない。本当は時間が余っているので歩いているだけかもしれないのですが、お金もかからないうえに知的に見える。ついでに博物館に行ったりすると、知的な集積が一日で結構できたような気もするし、意外に運動にもなる。

実際、都区内の個人の移動量の変化で、**ここ数年、JRやメトロを使った60代の私用による移動が突出して高くなっています**（第5回東京都市圏パーソントリップ調査［交通実態調査］より）。

パソコンは定年後の武器、団塊女性はT字型のコミュニケーション回路

団塊世代の人たちは、会社員生活の最後のほうでパソコンを使った世代です。会社では多少無理をしてパソコンを使ったのが定年後の武器になっており、仲間との連絡はメールが当たり前になっています。

彼らの情報収集は一次情報がマスメディアから、二次情報はパソコンからで、ちょっと深い情報をパソコンで調べるのは一般的になっています。

ネットショッピングに関しては、アマゾンで欲しい本をすぐに買い、さらに楽天なども本格的に始めています。**購入単価が高いのが特徴で、今後ネットショッピングを大きく動かす可能性があります。**

一部の人はSNSを活用しており、彼らのナンバーワンサイトは「趣味人倶楽部（しゅみーとくらぶ）」。これは月間2億6000万ページビューもある趣味のSNSです。

一方、団塊女性の場合は携帯電話でやりとりしています。**団塊世代の女性の特徴は「T字型のコミュニケーション回路」があることです。ヨコはお友達同士**、それにプラスして**タテの母娘という回路**があり、携帯メールでどんどんコミュニケーションしています。

趣味人倶楽部

団塊世代はすでにフェイスブックも始めています。女性にはキーボード操作というハードルもありますが、彼女たちに使いやすいタブレット端末やSNSが出てきたら、頻繁に使うようになる可能性は大いにあります。

もともとアナログのSNS、つまりお友達とのおしゃべりは大得意でやっているわけなので、土壌はあるわけです。

パソコンやタブレット端末は結局ハードのデバイスでしかないので、彼女たちにとって使い勝手のいいタブレット端末やSNS（ハードとソフト）が出てきたら、爆発的に広がる可能性はあるでしょう。

参考

✣ 子どものころのヒーロー

月光仮面／赤胴鈴之助／鉄人28号／鉄腕アトム／あしたのジョー（青春期）

✣ 有名人

ビートたけし／高田純次／西田敏行／小倉智昭／井上陽水／南こうせつ／笹野高史／村上春樹／矢沢永吉／テリー伊藤／志村けん／泉谷しげる／小田和正／財津和夫／沢田研二／武田鉄矢／谷村新司／寺尾聡／細野晴臣／堀内孝雄／五木ひろし／森進一／赤川次郎／北方謙三／沢木耕太郎／三田誠広／弘兼憲史／糸井重里
森山良子／里中満智子／由紀さおり／由美かおる／前田美波里／イルカ／和田アキ子／五輪真弓／山本リンダ／岡本綾子／ちあきなおみ／吉永みち子／内館牧子／大石静／池田理代子／和泉雅子／残間里江子／いしだあゆみ／泉ピン子／上野千鶴子（順不同）

ビートたけしが団塊世代の典型

お笑い芸人の中では、ビートたけしが団塊世代の典型といえます。たけしは明治大学工学部に進学しますが、途中で通わなくなり、除籍（のちに2004年、明治大学が特別卒業認定証ならびに特別功労賞を贈呈）。演芸の道に進みました。そして、芸人として大成しますが、それには飽き足らず、映画監督になるなど、常に進化しています。

女性では、前田美波里が団塊世代の典型かもしれません。彼女が有名になったのは、資生堂のサンオイルのCMでした。それまで、女性というのは家におとなしくいるもので、色白でおしとやかであることが美人といわれた時代に、前田美波里は日焼けして堂々と水着で登場しました。彼女の健康美によって「女性も日焼けしていいんだ」「小麦色の肌って素敵」という新しい価値観が生まれます。そういう革新的な女性をはじめて演じたのが彼女なのです。

第2章

ポパイ・JJ世代（ポスト団塊世代）

「私」の深化、私生活の確立

【阪本節郎】

区分

団塊世代の次のポパイ・JJ世代（ポスト団塊世代）は、1952〜1960（昭和27〜35）年生まれの人たちです。50代半ばから60代前半になろうとしている人たちです。

ポパイ・JJ世代（ポスト団塊世代）は一般に、1952〜56年生まれと、1957〜62年生まれに大きく分かれますが、ポパイ・JJ世代（ポスト団塊世代）の次の新人類世代が一般的に1961年生まれからなので、本書では1960年生まれまでとします。

1【ポパイ・ＪＪ世代】の時代背景

時代背景❶

『ポパイ』『ＪＪ』が創刊

『JJ』創刊号（1975年4月）

『ポパイ』創刊号（1976年6月）

ポスト団塊世代を**「ポパイ・ＪＪ世代」**と呼びたいと思います。

これは、ポスト団塊世代が若者のころに創刊されて、いまなお若者に人気の雑誌『**ポパイ**』（平凡出版、現・マガジンハウス）と『**ＪＪ**』（光文社）から名づけました。

団塊世代がロック・ポップスを音楽の主流にもってきて、男の長髪・ジーンズ・ミニスカートなど、いまの若者のファッションのスタイルをつくり出しました。それを同時に担いつつ、さらに『ポパイ』『ＪＪ』でいまにつながる若者のファッション感覚を最初にもったのが「ポパイ・ＪＪ世代」といえます。

団塊世代で「公私の逆転」が起きましたが、ポパイ・ＪＪ世代ではその「私」がさらに深化し、ふくらんでいきます。

団塊世代と、ポスト団塊世代すなわちポパイ・ＪＪ世代の違いは、前者は「ホット」で、後者は「クール」というとわかりやすいかもしれません。

一般的には、ポパイ・ＪＪ世代は**「シラケ世代」**といわれます。

彼らが若者のころ、彼らのことを激しかった団塊世代と比較して周囲は「三無主義」「五無主義」と称しました。「無気力」「無関心」「無責任」「無感動」「無作法」。学園紛争が終わったあとの世代です。

しかしながら、**世の中はシラケていたかもしれないが、彼らは必ずしもシラケていたわけではないというのが、この世代の特徴**です。また最近は「断層の世代」とも呼ばれていますが、それもよくつかみにくいというのが実状です。

「ホット」と「クール」に加えて、もうひとつ団塊とポスト団塊（すなわちポパイ・JJ世代）を分けるのは、1973年にPARCOが渋谷にオープンしたことです。つまり、若者の街が「新宿」から「渋谷」へと移ったのです。

ここから「渋谷」は若者のメッカとなり、その端緒を開いたのがポパイ・JJ世代なのです。

時代背景❷

「楽園キャンパス」を始める

じつは「私の消費」がどんどんふくらんでいったのが、この時代です。

彼らは**「楽園キャンパス」**を始めました。

これは非常に大きなポイントで、**団塊世代が「学園紛争」で語られることが多い**とすれば、**ポパイ・JJ世代は「楽園キャンパス」を始めた人たち**として語ることもできます。

要するに、**「大学＝テニス同好会」を始めたのがこの世代**なのです。

女の子はミニスカートかジーンズで大学に行って、テニス同好会の部室に寄ると誰か男子学生がいる、そうした文化が始まりました。

［**図表2▽1**］にあるように、大学進学率が男女平均で1950年代には1割だったのが、1970年代半ばまで急増します。とくに女子の短大への進学率が上昇し、1976年に男女平均で38・6％、女子で33・6％という第一のピークに達します（文部科学統計要覧より）。

「4割近くの大学進学率になった」というのが非常に大きなポイントです。

この1976年以降にキャンパスにいたのが、まさにポパイ・JJ世代なのです。

いずれも文部科学省の文部科学統計要覧が出典元で、1976年（昭和51年）に、大学への進学率が男子で43・3％です。

時代背景❸

女性がさらに社会の表舞台に

団塊世代の陰の主役は女性でしたが、この世代でさらに表にどんどん出てきます。

短大に進学して、テニス同好会に入る。いまもそうですが、当時の同好会は比較的ゆるいので、4年制大学のテニス同好会もどんどん近くの短大の女の子を引っ張って

[図表2>1] 大学進学率の推移

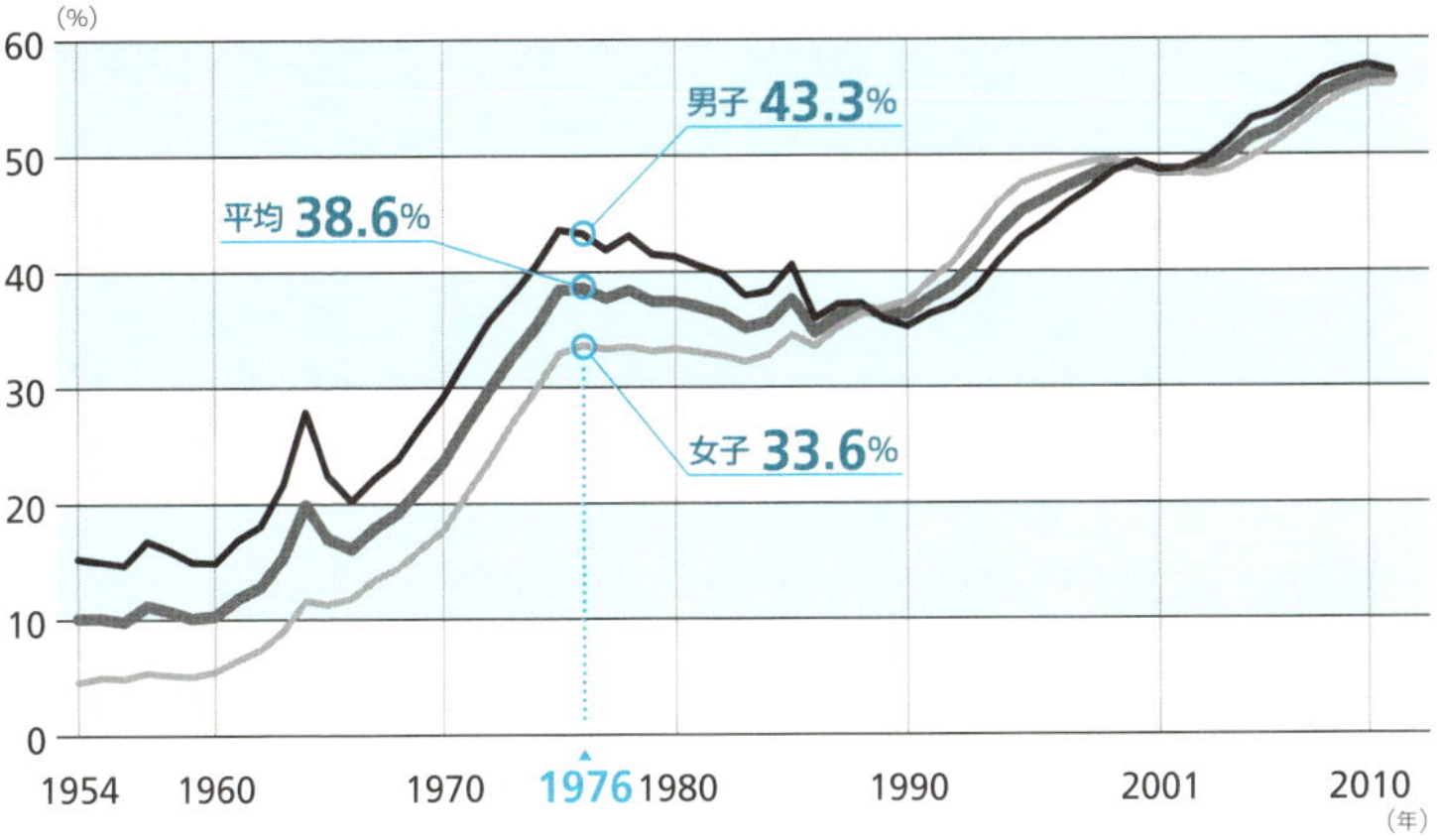

出典:文部科学統計要覧

きてしまうわけです。

こうして女性がどんどん社会の前面に出てきたことが、次の新人類世代のときに施行される男女雇用機会均等法の素地をつくったともいえます。

団塊世代の時代に「ウーマン・リブ」という「意識改革」が起こり、その次のポパイ・JJ世代の時代に、意識だけでなく「行動改革」が起こった。女性が男性と同等に社会進出するための準備期間だったといえます。

1973年に第一次オイルショックが起こり、その後、ミニ就職氷河期のような状態が2〜3年続きましたが、大局的には経済は上向いていきます。

ポパイ・JJ世代もまた一時期のへこみを越えて、どんどん消費をするようになっていきました。

2 【ポパイ・JJ世代】の特徴

特徴❶ 「人生はエンジョイするもの」という考え

この世代の特徴は「人生はエンジョイするもの」という考え方があることです。

すぐ上の団塊世代があまりに過激で、学生運動に情熱を注いだあげく、内ゲバという悲惨な出来事まで起こりました。

その過程を見ていたポパイ・JJ世代はその反動でクールになり、前述したように「シラケ」「三無主義」「五無主義」といわれるようになりました。

じつは彼らは必ずしもシラケていたわけではなく、政治的なことはクールに吹っ切り、自分たちの人生をエンジョイしようとしていたわけです。**「人生を楽しむことはいいことだ」**とみんなが思い始めました。

団塊世代のような競争心も薄く、ポパイ・JJ世代から人数がグッと少なくなったので、それほどがんばらなくても済むようになったともいえます。

そのせいか、**この世代は他者の意見に対して理解力がある**という面もあります。

特徴❷

「自分は自分、他人は他人」という価値観

ここから始まったのは**「自分は自分、他人は他人」という価値観**です。

「他人に自分の考えを押し付けることはしないけど、そのかわりほかの人からも押し付けられたくない」という価値観がこの世代から芽生えていきました。

団塊世代までは「封建性」と「革新性」が自分の中に同居し、バランスがとれない部分もありました。それで子どもに「自由にすればいい」といいながらも、子どもが本当に好き放題をやると怒ったりもしました。

しかしポパイ・JJ世代では、「自分は自分、他人は他人」がしっかり自分の身についたものになっています。子どもに「自由にしたら」とわざわざすすめるまでもなく、自由主義。**子どもの自主性を尊重して物事を考える**のです。

少しうがった見方をすれば、これは**防衛反応**でもあります。

自分を守りたい、だからほかの人が自分を守るのも認めてあげる。自分を守りながらも、ほかの人の考え方をどんどん受け入れていく——。

それが身についたものとしてできるのが、この世代の特徴です。

このようなポパイ・JJ世代は、団塊世代の人たちのように「自分が自分が」と自己主張しません。だから、この世代の影が団塊世代に比べておとなしく見える側面も

あるわけです。

3 ポパイ・JJ世代の消費・文化の歴史——ブランドブームとポップカルチャー

消費・文化の歴史❶

「ニュートラ」「ハマトラ」ブーム

1970年創刊の『anan』、1971年創刊の『non・no』は、団塊世代の女性だけでなく、ポスト団塊のポパイ・JJ世代の女性も読み、女性同士で出会いの旅を始めるきっかけになりました。

ちなみに1972年公開の『**男はつらいよ　柴又慕情**』はマドンナ役の吉永小百合が女友達と3人で金沢旅行をしている途中で寅さんと出会うというシチュエーションですが、当時の世相を意識してつくられたのかもしれません。

そして1975年に『**JJ**』が創刊され、1978年に月刊化されます。

この『JJ』がまさに女子大生のファッションを中心に紹介して、**「ニュートラ」「ハマトラ」ブーム**を起こしました。女子大生ブームのある種、下地をつくります。

「ニュートラ」
（1982年、朝日新聞フォトアーカイブ）

「ハマトラ」
（1979年、朝日新聞フォトアーカイブ）

ニュートラ、ハマトラというのは、お嬢様ファッションです。トラは「トラディショナル」のトラ。

ニュートラは、神戸の女の子たちが着ていたものです。具体的には神戸女学院の女子学生たちのファッションです。ブレザーを着て、ブランドもののセリーヌやグッチの洋服、バッグなどを合わせていく「ニュートラッド」というファッションです。

それに対してハマトラは、横浜の女の子たちが着ていたもの。具体的にはフェリス女学院の女子学生たちのファッションです。カーディガンなどにいろいろなものを合わせていく、少しカジュアルなファッションです。

ミニスカート、ジーンズが海外からやって来たファッションだとすれば、ニュートラ、ハマトラは自分たちがはじめてつくり出したオリジナルなファッションということもできます。

ブランドブームがはじめて起きる

主流はどちらかというとニュートラのほうでしたが、**ここではじめてのブランドブームが起こります**。

お嬢様系の女子大生がブランドものを買ってオシャレを楽しむようになったので、世の中全体もブランドブームになり、これが若い男性にも波及していきました。

男性の場合、カルティエのライターなどが流行り、第一次ブランドブームが起きます。そこから個人消費がどんどんふくらんでいく。

1976年には『**ポパイ**』が創刊され、アメリカ西海岸のファッションがいろいろと紹介されました。

団塊世代までは、「友達がアイビーを着ているから、自分もアイビー」「雑誌でJUNとかVANといっているから、自分もJUNやVAN」というスタイルが主流でした。つまり**「個性、個性」といいながらも、みんなが同じ格好をしていた**。男のオシャレというものがはじめてだったので、まずは、ただのシャツからみんなと同じオシャレ着を着る、ということが個性だったのです。

それが**ポパイ・JJ世代になると、徐々に自分なりのチョイスができるようになります**。

団塊世代の男性が、たとえば『**メンズクラブ**』（ハースト婦人画報社・前身の婦人画報社から『婦人画報増刊　男の服飾』として1954年創刊）に載っているアイビールックと同じものをそのまま着ていたとするなら、ポパイ・JJ世代の男性は『ポパイ』の中から自分に合ったものを見つけてチョイスしていく。そういう身についたオシャレが始まったのです。

こうして女性はお嬢様系のオシャレを、男性は自分の身についたオシャレをそれぞれ楽しむようになり、それがまた「楽園キャンパス」を盛り上げていきました。

『なんとなく、クリスタル』の登場

個人消費の広がりやブランドブームは、田中康夫の『なんとなく、クリスタル』（河出書房新社）につながっていきます。これはバブルの源流のような私小説で、１９８１年に発売されました。

それまで私小説というのは深刻なテーマを扱うのが常でしたが、「なんクリ」（略称）は、ファッションやブランド、レストランが中心にストーリーが展開され、それらを楽しむこと自体がテーマのような小説でした。

小説に出てくるブランドに膨大な数の注釈がついており、まるでガイドブックとブランド・ファッション雑誌を合わせたような小説です。しかもストーリーも、恋愛をして、ちょっと傷ついて、といった軽めの話。それまでだったら一蹴されてしまうような軽いテーマを扱ったこの小説が、１００万部を超えるヒットとなりました。

ちなみに１９７９年に村上春樹が『風の歌を聴け』（講談社）でデビューしていますが、社会的インパクトからすると、当時は「なんクリ」のほうが大きかったといえます。

「なんクリ」は１９８１年に映画化され、こちらもブームになります。当時の女子大生は「クリスタル族」とも呼ばれ、社会現象になりました。

『なんとなく、クリスタル』（1981年）

ユーミンからサザンへ、ライフスタイルは音楽とともに

音楽では団塊世代のころに吉田拓郎、井上陽水、かぐや姫が出てきて、そこからニューミュージックが生まれました。この系譜に続くのがさだまさしと松山千春と長渕剛です。

吉田拓郎、井上陽水、かぐや姫もポスト団塊、つまりポパイ・ＪＪ世代が中心的に支持して大きなヒットになったといえます。

象徴的なのは吉田拓郎の**「結婚しようよ」**。

井上陽水の**「傘がない」**も、その直前まで反戦などの社会的なメッセージを発して若者に熱く支持されたフォークが、一転して「傘がない」という若者の日常的な私の世界を歌って人気になったことを意味しています。かぐや姫は**「神田川」**など当時の同棲などを背景とした歌を歌い、四畳半フォークとも呼ばれました。

しかし、**最もポパイ・ＪＪ世代を特徴づけるアーティストといえばユーミン**です。ユーミンの音楽にはまったく暗さがない。非常にオシャレでハイセンスで、その中に恋愛があります。紛争、内ゲバ、同棲という暗い時期のあとに来た明るい「楽園キャンパス」の本格的な始まりを告げていたともいえるかもしれません。

そういう世界観を歌ったユーミンは、ポパイ・ＪＪ世代の気持ちをとらえました。

荒井由実としてのデビューは1972年です。

1972年、ロックでは矢沢永吉がキャロルを結成します。ロックはロックで当時の若者の生活とより密着したものへと進化していきました。一方でフュージョンなども登場。当時はクロスオーバーともいわれましたが、フュージョンはジャズとロックの融合ということで、ロックが進化したひとつの究極の形という面もあります。

そして、**1978年にサザンオールスターズがデビュー**します。

サザンはユーミンと並び、ポパイ・JJ世代全体を通じて、圧倒的に支持されます。ユーミンが明るく素敵な若者の生活をはじめて描いたとすれば、サザンはその実生活をともにつくっていったともいえます。

団塊世代を象徴するのがビートルズだとすれば、**ポパイ・JJ世代を象徴するのはユーミンとサザン**だといえるでしょう。

このように音楽が非常に多様化し、ファンもバラけていきました。

永ちゃんを好きな人は永ちゃんに熱狂するし、ユーミンを好きな人はユーミンに心酔する。それまでは男女問わずビートルズ、拓郎、陽水、かぐや姫だったのが、ここで分かれていきます。**「自分」が始まると同時にバラけていく**のです。

さだまさしも松山千春も長渕剛も多くの若者に支持されましたが、社会的に皆が一様にというわけではなく、それぞれ好きなファンができていきました。

消費・文化の歴史❺

「かわいい」が最上位の価値観に

団塊世代までは、女性の価値観のいちばん上にあったのは「美人」です。

しかし美人はツンとすましていて、あまり歓迎されなくなっていきます。テニス同好会に入ってくる女の子も、美人では近寄りにくい。

それよりもかわいくて、いろいろな話が楽しくできるほうがいいという価値観に変わっていったのが、このポパイ・JJ世代です。

松田聖子が1980年にデビューし、**「カワイコぶりっ子」**といわれたのも、かわいさを感じさせたその表情や髪型ゆえかもしれません。

まだ、男女雇用機会均等法が施行される前で、女性が社会に進出していく過程にあり、「女の子はかわいいのが一番」というのが、ほとんど絶対的価値観に近かった。当時の若い女の子自身も、いかに**「かわいい女の子」**であるかが課題だったと思います。『anan』『non・no』などの女性誌に出てくる女の子のモデルも、ほとんどがかわいい子でした。

消費・文化の歴史❻

手軽で便利なポップカルチャーが続々

1971年にはマクドナルド1号店が銀座に登場します。つまり、日本で最初にマ

セブン‐イレブン1号店（豊洲）
（セブン&アイHLDGS.）

日清カップヌードル
（日清食品HD）

マクドナルド1号店（銀座）
（日本マクドナルド）

クドナルドのハンバーガーを口にしてキャンパスを歩いた若者がポパイ・JJ世代です。

1971年、日清カップヌードルが発売され、はじめてカップ麺が世に登場します。

1974年にはセブン‐イレブン1号店が東京・江東区に登場しました。

こうした**手軽で便利な消費文化がこの時期に続々出てきて、まさにポパイ・JJ世代がどんどん消費していきます**。

男性は『ポパイ』を見て自分のオシャレをし、女性は「ニュートラ」「ハマトラ」の格好をして、大学へ行けば「楽園キャンパス」でテニスサークルに興じ、夜はディスコで踊る。この世代のライフスタイルを大まかに描けば、こうなります。

この章の冒頭で、この世代は「シラケ世代」といわれると指摘しましたが、こうして見ると決してシラケ世代とはいえないことがわかるかと思います。前の世代があまりに激しすぎて実像が見えなくなってしまったのでしょう。

本当は個人消費がふくらみ、ポップカルチャーが多様化し、いろいろなことを楽しんだ世代なのです。**多様化することは分散することでもあるので、その分、社会的パワーが弱まったという面もある**でしょう。

実際、彼らのライフスタイルや消費文化が一気に花開いたのがバブルです。とくに男性は働き盛りのサラリーマンとしてバブルを謳歌しました。

インベーダーゲームから「デジタル」の扉を開く

1978年、ポパイ・JJ世代の後期に、テクノポップのYMOがデビューします。同年、インベーダーゲームが登場しました。これはいまのテレビゲームやパソコンゲームにつながる最初のゲームです。1979年にはウォークマン®が発売されました。つまり、いまの50代の人たちは、若いときにテクノやゲームに直接的に影響を受けた世代で、彼らがデジタルの扉の前にいたわけです。

デジタルの扉を開けるまではいかないけれど、扉の前にはいた。だから、**いまの50代は、現在のデジタルに対する態度や対応が、それより前の世代と比べて柔軟**なのです。

実際、フェイスブックを積極的かつ日常的に使うのは、いまの50代よりあとの世代です。50代から40代にかけての世代はフェイスブックで友達を掘り起こし、自分の道具のように使いこなし、連日何か書いたりしています。

いまのポパイ・JJ世代、とくにその後期以降の世代からデジタルを身についたものとして使いこなせるのは、若いときのテクノやゲーム体験に起因しているような気がします。

オタク第一世代が生まれる

マンガでは、**『少年ジャンプ』**（集英社）が1968年に創刊されました。

当時、人気を博したマンガは、**『巨人の星』『空手バカ一代』『赤き血のイレブン』『アタックNo.1』『エースをねらえ！』『あしたのジョー』**など、スポ根ものが非常に多かった。

『東大一直線』は1976年から1979年まで『少年ジャンプ』で連載されました。この世代は団塊世代より受験戦争が多少ゆるくなったとはいえ、女性もどんどん短大に進学するようになり、「いい大学に行くと、いい将来が待っている」ということがまだ素直に信じられる時代でした。

ゲームやアニメ、マンガにハマる人が出てきて、「オタク」と呼ばれるようになったのもこの世代からです。オタク第一世代というのは、一般に1955〜64年生まれといわれていますが、ちょうどポパイ・JJ世代の後期に相当します。オタキングの岡田斗司夫さんは1958年生まれです。

つまりサブカルというのは、オタク第一世代が扉を開いているのです。

彼らの文化が、現在のアニメやフィギュアなどにつながっている。**いま世の中にあ**

『少年ジャンプ』
創刊号
（1968年7月）

るサブカルの原型は、ポパイ・JJ世代がこのころに生み出したものなのです。

この世代は、テレビが子どものころからありました。前章（団塊世代）で述べましたが、1959年の皇太子殿下ご成婚でテレビが一気に普及し、カラーテレビも1970年の大阪万博のころに広く普及しました。1966年に初代**「ウルトラマン」**の放送が開始されますが、これがポパイ・JJ世代前期の子ども時代のヒーローです。「ウルトラマン」はそれ以降、40年以上にわたって進化していき、「ウルトラマンヒストリー」とでも呼ぶべき壮大な世界ができました。そういう**長期にわたるヒーローものを最初につくったのが、ポパイ・JJ世代**ともいえます。

1971年から放送され、ポパイ・JJ世代後期の子ども時代のヒーローになった**「仮面ライダー」**も、長期シリーズとなりました。

実際にドライブデートを楽しむ

1960年代半ばのいざなぎ景気のころ、「車（car）」「クーラー（cooler）」「カラーテレビ（color TV）」が**「新・三種の神器」**と呼ばれました。頭文字をとって**「3C」**とも呼ばれ、消費が大きく伸びます。

車は、トヨタの初代セリカが1970年に発売されます。

1972年には日産自動車の「ケンとメリーの愛のスカイライン」の広告キャンペ

トヨタ初代セリカ（トヨタ自動車）

日産スカイライン2000GT（日産自動車）

ーンが展開されます。これは若いカップルがスカイラインに乗って日本を旅するというCMです。

若者が車に乗ってデートをするのは、もちろん団塊世代からの憧れでしたが、団塊世代の中でトヨタ２０００ＧＴや日産フェアレディＺに実際に乗れた人はごくわずかです。話題にはなったが少なかった。

それがポパイ・ＪＪ世代になると、「楽園キャンパス」の延長で、本当にスカイラインやセリカに彼女を乗せて、湘南などの海岸や高原に行ったり、旅行したりしてドライブデートを楽しむようになりました。車の中で聞くのはサザンやユーミンです。

そういう絵に描いたような楽しい消費生活を始めたのが、この世代なのです。

「ハワイに新婚旅行」が当たり前に

新婚旅行で海外に行くようになったのも、この世代からです。

団塊世代から「ハワイでハネムーン」は始まってはいましたが、１９６８年ぐらいまでは、まだ新婚旅行というと宮崎でした。マジョリティがハネムーンで海外へ行くようになったのはポパイ・ＪＪ世代からです。

彼らが結婚する1975年以降は「ハワイに新婚旅行」が当たり前になり、JALパックなどのツアーもたくさんできて、ハワイだけでなくアジア圏やヨーロッパなどいろいろなところへ行くようになりました。

ポパイ・JJ世代の後期からは大学の卒業旅行で海外に行くことが始まりました。

4【ポパイ・JJ世代】の恋愛・結婚——女性も主張、家事分担が進む

夫婦で家事分担がだんだん一般的に

ポパイ・JJ世代の親たちは、戦後の自由な価値観に触れています。

団塊世代の親たちが「青春がなかった世代」だとすると、**ポパイ・JJ世代の親たちは「青春をもち始めた世代」**です。

石坂洋次郎の恋愛小説『**青い山脈**』（新潮社）が1947年に出版され、1949年に映画化されて大ヒットしました。戦後民主主義から高度成長期に大人になり、しかもアメリカ的な価値観も受容してきた親たちなので比較的、理解があります。そういう親のもとでポパイ・JJ世代は自由に恋愛し、デートをして結婚していきました。

『青い山脈』（1947年）

最近の調査によると、この世代の前期（いまの50代後半から60代前半の人たち）と後期（いまの50代半ばから後半の人たち）を比べて、大きく次のようなことがいえます。

ポパイ・ＪＪ世代前期の人たちは、基本的にまだ「家事は妻まかせ」。夫も気がつけば家事の一部を負担する。これが後期になってくると、「夫も家事の一部分担」がかなり一般的になってきています。

そういう**男女平等意識、対等意識をもっているのがポパイ・ＪＪ世代**です。

バランス感覚がすぐれている

団塊世代の夫婦は、夫は会社で仕事ばかりして、妻は専業主婦が多くてずっと家にいるため、すれ違い現象が起きていると述べました。

そういう面はこの世代にもありますが、**この世代のもうひとつの特徴は、「バランス感覚」**です。常にバランスを崩さないように生きているところがあります。

たとえば、この世代はバブル期に30代から40代の働き盛りでしたが、仕事もするけど遊びもしました。ただし、家庭が崩壊するほど遊びすぎはしない。

たとえば女性関係。不倫は**「金妻」**（テレビドラマ「金曜日の妻たちへ」ＴＢＳ、１９８３年）で描かれていたように団塊世代からありましたが、団塊世代の男性は不倫をするとそのまま突っ走って、なかには会社のお金を使い込んだり、事件化したりすることもありました。

しかし、ポパイ・JJ世代はバランスをとってうまく遊びます。

ちなみに団塊世代以前は、「不倫」ではなく「浮気」といっていました。浮気が不倫になったのは、決定的に女性が強くなったからです。女性が自分の夫以外の男性と、そういう仲になるようになったのです。

それはさておき、ポパイ・JJ世代の夫婦間がいますれ違っていたとしても、団塊世代と同様で、**若いころにデートしていたことを思い出し、そこに戻ることができれば、夫婦関係の修復は可能**です。

妻から離婚を切り出すケースもあり、男性の未婚率も2割に

いまの50代半ばになってくると、最初から大きなすれ違いはなく、ずっと夫婦仲良く努力してきた人もいます。

しかし、強くなった妻のほうから「もうダメだ」「あなたと一生は暮らせない」と思えば、離婚してしまうケースも出てきました。**ポパイ・JJ世代後期ぐらいから、バツイチがそれなりに出始めます**。

団塊世代の女性は、はじめて女性の自立を主張し、社会的に発言するようになりましたが、一方で発言しない人は発言しないまま。マジョリティは発言しない人で、夫

に文句があっても、心の中で無視する程度でした。

それがポパイ・JJ世代になると、女性が家庭内で発言するようになります。

「あなた、それ違うんじゃないの」「それ、どうなのよ」と遠慮なくいう。それでいまの50代半ばぐらいから離婚する人が増えてくるわけです。

三浦友和さん、山口百恵さん、挙式後の記者会見
（1980年11月、時事）

この世代の有名人に、**「花の中三トリオ」**と呼ばれた山口百恵（1959年生まれ）、桜田淳子（1958年生まれ）、森昌子（1958年生まれ）がいますが、彼女たちの三者三様は、この世代の結婚を象徴しているかもしれません。

男性の生涯未婚率も2割に、女性は1割（平成24年版「子ども・子育て白書」から）に達しています。

男性は、若いときからこういう女性たちと接していて「結婚生活はなんとなく大変かな」「そうであれば、ひとりのほうが気楽でいいや」という気持ちがあり、そのうえ、親も半強制的に結婚を迫るということが徐々になくなった結果、こうなったのではないかと思われるのです。

5 ポパイ・JJ世代の消費のツボ――生活をエンジョイ、広告は空気

消費のツボ❶

メディアや広告とともに新たな消費をつくってきた

ポパイ・JJ世代は、「自分」というものが芽生え、商品を選べるようになりました。よく「広告に踊らされるかどうか」という議論がありますが、**この世代にとって広告はどちらかといえば空気のようなもの**です。

このころから広告が非常に大きな力をもつようになり、広告の対象となった商品と一緒に生活をどんどん変えていきました。

たとえば、当時の国鉄が1970年から始めた**「ディスカバー・ジャパン」**キャンペーン。ほぼ同時期に創刊された『anan』『non・no』がすすめた**「出会いの旅」**。それを受けて行動したのが団塊世代とポパイ・JJ世代の「アンノン族」ともいえます。「ディスカバー・ジャパン」はその後、ロングヒットキャンペーンになり、現在のJRの広告に受け継がれていきます。

「ディスカバー・ジャパン」の最初のポスター(©鉄道博物館所蔵)

やがて広告自体も進化し、糸井重里のキャッチコピーで話題となった

西武百貨店の**「不思議、大好き。」**（1981年）、**「おいしい生活。」**（1982年）は、自分の好奇心や好みを求めるライフスタイルを提案しつつ、コピー自体が注目を集めました。

消費のツボ❷

多種多様な楽しいものをカタログ的に提供する

ポパイ・JJ世代の消費がいまの消費の原型をつくっているので、今後は核家族を卒業して、「大人消費」を新たに始めることが期待されます。そこでは「生活を楽しむ」「人生をエンジョイする」ことを全面に打ち出すことが求められます。

ただし彼らは多様化しているため、あるひとつのツボを押すということが非常に難しい。その意味では、**選択肢が多様で、自分でチョイスできるようなものを提示すると、より効果的**かもしれません。

トータルで考えると、**『全地球カタログ』**（1968年にスチュアート・ブランドによって創刊されたカウンターカルチャーに関する情報や商品が網羅的に掲載された雑誌）に共感してカタログ文化を始めたので、カタログのような形態が考えられます。

多種多様な楽しいもの、オシャレなものを提供すると、その中から自分で選んで新しいライフスタイルをつくっていく可能性が大いにあります。

『全地球カタログ』（1968年）

ポパイ・JJ世代の人たちはいろいろな状況を見ながら、自分のいいところを伸ばし、他人のいいところも引き出していきます。

団塊世代を特徴づけるお笑い芸人がビートたけしとすれば、ポパイ・JJ世代を特徴づけるのは明石家さんまです。さんまは自分ひとりでまわりを笑わせつつ、素人やOL、子どもともからめます。そして、相手のいいところを引き出していく。

「インパクトのたけし」に対して、「サービス精神のさんま」といえるかもしれません。また、たけしが大真面目に政治や社会、文化を語るのは想像できますが、さんまが語るのは想像できません。たけしが過去にこのようなことをいっていました。

「さんまが出てきたときに、『テレビの世界でこいつに勝てないな』と思って映画をやり始めた。映画は絶対、さんまは撮れない。自分の思想とかそういうものが出るから、絶対あいつには撮れない」

もっとも、さんまは思想を語ったとしても自分もまわりも楽しくないので、あえて語らないのかもしれませんが。

参考

❖ 子どものころのヒーロー

ウルトラマン／仮面ライダー／巨人の星／アタックNo.1／魔法使いサリー

❖ 有名人

明石家さんま／所ジョージ／桑田佳祐／山下達郎／中畑清／高中正義／石田純一／関根勤／坂崎幸之助／郷ひろみ／西城秀樹／江川卓／世良公則／さだまさし／松山千春／野田秀樹／春風亭小朝／具志堅用高／小堺一機／役所広司／田中康夫／岡田武史／泉麻人／長渕剛／宮本亜門／原辰徳／玉置浩二／小室哲哉／日比野克彦／鴻上尚史／渡辺謙／石井竜也／佐藤浩市／坂本龍一／高橋幸宏／秋元康

中島みゆき／夏木マリ／風吹ジュン／松任谷由実／竹下景子／研ナオコ／大貫妙子／矢野顕子／高畑淳子／伊藤蘭／秋吉久美子／南沙織／竹内まりや／檀ふみ／アグネス・チャン／渡辺えり／浅田美代子／岡江久美子／アン・ルイス／原由子／石川さゆり／久本雅美／萬田久子／樋口可南子／山口百恵／森昌子／桜田淳子／宮崎美子／室井滋／黒木瞳（順不同）

誰とでもからめる明石家さんまが象徴的

こうして見ると、いまも芸能界で活躍している人が多い。とくに郷ひろみの学年（1955～1956生まれ）は当たり年といわれています。明石家さんま、桑田佳祐も同じ学年です。世間の関心が政治からエンタテインメントに一気に向かい、芸能も多様化しました。

「ホットからクールへ」といわれるように、この世代の人たちは比較的まわりの状況がよく見えていて、自分がしていいことと悪いことが把握できる。人との付き合い方もそれなりに考えてやる人が多いのが、この世代の特徴です。

第3章

新人類世代

「私」の成長、思想の解体

【阪本節郎】

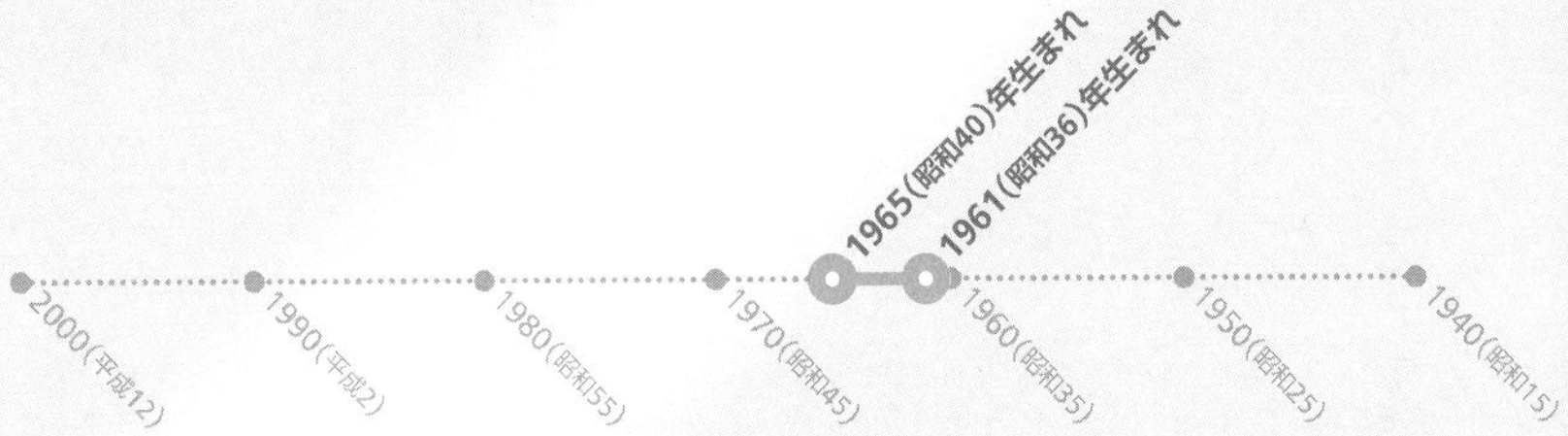

区分

新人類世代は、広義には1961～1970（昭和36～45）年生まれ、現在の40代半ばから50代前半の人たちです。本書では、この新人類世代を、狭義の新人類世代とバブル世代に分けます。狭義の新人類世代は、1961～1965（昭和36～40）年生まれの現在50歳前後から50代半ばの人たちです。

なお、新人類世代の少し上に「ハナコ世代」と呼ばれる世代があります。これは1959～64年生まれ、現在50代前半から半ばの女性たちです。女性誌『Hanako』を片手にレストランやカフェなどに出かけ、バブル時代を謳歌したハナコ世代は、ポパイ・JJ世代の後期から新人類世代の最初にまたがります。

1 〈新人類世代〉の時代背景

時代背景 ❶

「モーレツ社員」の子どもとして幼少期を過ごす

新人類世代は高度経済成長を支えた「モーレツ社員」、戦後復興世代の子どもたちです。急激に豊かになっていく日本の空気を肌で感じながら、幼少期を過ごした世代といえます。

彼らの幼少期、日本経済は躍進し、1968年、日本はついにGDPで西ドイツを追い抜き世界第2位の経済大国となります。1970年には大阪万博が開催され、国民が「豊かな日本」を満喫する時代を迎えました。

1970年、大阪万博（朝日新聞フォトアーカイブ）

時代背景 ❷

戦後復興世代の管理職が「一風変わった若者」と感じる

新人類世代が20歳のころは1981～85年、25歳のころは1986～90年です。

つまり、**80年代初頭の文化を若者として担い、バブル期の享楽をヤングサラリーマン、**

ＯＬとして味わった世代といえます。

「新人類」という名称は、ジャーナリストの筑紫哲也さん（１９３５〜２００８年）が当時の若者との対談の中で使ったことから広がり、１９８６年に新語・流行語大賞流行語部門の金賞を受賞しました。

一般的には１９８０年代半ばに入社してきた新入社員を指して、当時の管理職、世代的には戦後復興世代の人たちが「一風変わった若者」「よくわからない若者」ということで「新人類」と呼びました。マンガ『**課長　島耕作**』の中にも、新人類世代が新入社員で入ってきて、「どうやら異質な人間だ」と語っているシーンがありました。

１９７９年から共通一次試験が開始されます。１９６０年代前半生まれのいまの50代前半から半ばの人たちは、共通一次試験をはじめて経験した世代です。

１９８６年には男女雇用機会均等法が施行されました。新人類世代はこの第一世代でもあります。男女雇用機会均等法はやはり社会を非常に大きく変え、当時よくいわれたのが**「女性の社会進出」「女性の時代」**という言葉です。

平塚雷鳥が青鞜社を立ち上げ、女性解放運動を始めたのが１９１１年。それから75年を経て、ようやく法律上は女性が男性と同等に働ける時代になったのです。

「思想の呪縛」からの解放、ベルリンの壁が崩壊

このように上の世代から異質な存在としてとらえられた新人類世代ですが、彼らの登場が社会に対して与えた大きな影響は**「思想の呪縛」からの解放**でした。

前述のとおり、団塊世代は「戦争の呪縛」から解放された最初の世代ですが、左翼・右翼、保守・革新といった「思想の呪縛」から解放されることはありませんでした。

ところが、学園紛争終了後の「ポパイ・JJ世代」のころから徐々に「思想」の地盤沈下が始まり、この新人類世代の登場をきっかけに日本人は「思想の呪縛」からも完全に解き放たれることになります。

象徴的なのは１９８４年、「新人類の旗手」といわれていた浅田彰が京都大学人文科学研究所助手のときに出版した**『逃走論　スキゾ・キッズの冒険』**（筑摩書房）です。その本の中で彼は、思想というものを軽やかに比較して面白がりました。

彼は、「マルクスも数ある思想のひとつとしては面白い」と、前の世代が驚愕するようなことを平気でいってのけたのです。これは「保守」と「革新」、「右」と「左」といった二項対立に意味を見出すことに対する痛烈なアンチテーゼでした。

１９８９年には東西ドイツを分断していたベルリンの壁が崩壊し、「米ソ冷戦」が終焉を迎えます。いわゆる社会主義、共産主義といった思想がそれまでの力をなくし、

『逃走論』（1984年）

日本社会において、「保守」と「革新」という二項対立は徐々に意味を失っていきました。

1980年代後半には日本社会は空前のバブル景気に突入します。**「個」を縛り付けていた「戦争」「思想」という2つの呪縛から解放された結果、国民の意識は、その後、「豊かな消費生活を楽しむ」ことに向かっていく**ことになります。

2【新人類世代】の特徴

特徴❶ 思想の重石がない

この世代の特徴は大きく3つあります。

まずは**左翼・右翼、保守・革新といった思想が決定的な意味をもたなくなった**こと。

当初は、「自分勝手」「無感覚・無感動」などとマイナスイメージをもたれました。

新人類世代の共有体験はマンガ、アイドルを含む音楽などパーソナルかつサブカルチャー的なものです。

「思想の呪縛」から解放され、社会を覆っていた大きな思想や政治的な思想がなくなり解き放たれました。**よくいえば自由で軽やか**であり、**悪くいえば薄っぺらい**といえます。

この前の世代までは、思想が社会にも人生にも重いものとしてありました。**世代というのは多くの場合、前の世代がもっているイデオロギーへの反発や否定から入る**わけです。ところが**新人類世代はイデオロギー自体をぶっ壊しました**。

ひたすら軽いサブカルチャーがどんどん出てきて、それを楽しむというのが新人類世代の非常に大きな特徴です。

特徴❷

楽しいことが一番

2つめは**楽しいことが最上位の価値である**こと。

フジテレビが「楽しくなければテレビじゃない」というスローガンを打ち出したのが1981年で、とにかく「楽しいことはいいことだ」という思想が広がりました。

ポパイ・JJ世代も「人生をエンジョイすることはいいことだ」と思っていましたが、基本的に「真面目さが善」としてあり、そのうえでプラスで楽しもうという感じでした。それが新人類世代では、楽しく遊べるセンスが何より大事だという風潮になりました。

特徴 ❸

上下関係が希薄

3つめは**封建的感覚の消滅**であり、**上下関係が希薄**なことです。

当時、西武ライオンズの工藤公康選手（1963年生まれ）が1987年に巨人を破って優勝した際に、監督を胴上げする仲間たちに加わらず、テレビカメラに向かってバンザイとVサインをしました。

その感性や行動が、よく新人類世代を象徴しているといわれます。上の人を立てるとか立てないということが、すでに重要なことではなくなってきたのです。

自らがソフトバンクホークスの監督になったら、監督なのに感激しすぎて、こんな監督はいなかったといわれています。どこまで行っても新人類ということでしょうか。

1987年、西武ナインの輪の外でバンザイする工藤投手
（朝日新聞フォトアーカイブ）

3 〈新人類世代〉の消費・文化の歴史――楽しい消費、オタクも市民権

ハナコ世代の女性がバブルの胎動を起こす

新人類世代あるいは新人類世代をリードした男性有名人では秋元康、石橋貴明、工藤公康などが目立ちますが、全体的な空気感や世の中の流れ、消費の中心は女性が担っていました。この時期、女性の力が目に見えて強くなり、どんどん表に出てきます。「思想の呪縛」からの解放の先駆けの役割を果たしたのも、**「ハナコ世代」**（１９５９～６４年生まれ）の女性たちでした。彼女たちが26歳のころが１９８５～９０年です。

１９８８年に『Ｈａｎａｋｏ』（マガジンハウス）が創刊され、当時のＯＬたちが雑誌をもって町歩きをしたりグルメを堪能したりといった行動を始め、消費を謳歌し、「お金を使うことが幸福につながる」という思想が広がりました。

これがバブルにもつながっていきます。じつは女性が世の中の新しいムーブメントを起こしていたのです。

ちなみに『Ｈａｎａｋｏ』がそれまでの雑誌と違っていたのは情報誌である点です。東京のカルチャーや文化、グルメ情報をはじめて紹介したのが『Ｈａｎａｋｏ』です。

『Hanako』創刊号
（1988年6月）

『ａｎａｎ』『ｎｏｎ・ｎｏ』はファッション誌、『クロワッサン』は生活誌です。情報誌としては**『ぴあ』**（ぴあ）がありましたが、基本的には映画や展覧会などの紹介でした。

『ぴあ』と『ａｎａｎ』『ｎｏｎ・ｎｏ』を掛け算したような雑誌が『Ｈａｎａｋｏ』です。要するに、**情報ファッション誌、情報文化誌**なのです。

これに先駆けて１９８０年代前半に、**第一次グルメブーム**や**男の料理ブーム**が起こりました。

団塊世代の男性は、山本益博などのグルメ本を見てレストランに行ったり荻窪のラーメン店に行ったりしましたが、『Ｈａｎａｋｏ』はそれを生活全般に広げ、おカネに余裕のあるＯＬがいっせいに行動しました。つまり、『Ｈａｎａｋｏ』によって生活のすべてのシーンがエンタテインメントになったのです。

ブランドものがしっくりなじむ

１９８１年にボートハウスのトレーナーが女子大生を中心に若い女性たちの間で大ブームとなり、いわゆる**女子大生ブーム**が生まれました。

ファッションのジャンル的には、「ハマトラ」（横浜トラッド）の系譜を引くお嬢様系スタイルです。ボートハウスのトレーナーにチェック柄のスカート、靴はローファーなど平底の靴が定番でした。

新人類世代はブランド好きで消費好き、派手な生活をするといわれます。

バブル期にヤングサラリーマンとして消費をリードし、**「エリート消費者」**という呼ばれ方もしました。前述したように『なんとなく、クリスタル』が社会現象化し、ブランドブームが起きました。**『世界の一流品大図鑑』**（講談社）という本もあり、それを見てセリーヌやグッチを選んで買っていたわけです。

しかし、それはブランドにも手が届くようになったということでした。自分の生活から手を伸ばすとブランドがあるというイメージです。

ポパイ・ＪＪ世代でよくいわれたのが、**「グッチが歩いている」**という表現です。ブランドのバッグばかり目立って、本人となじんでいない。ブランドものを身につけること自体が目的になっている。

それが新人類世代の時代になると、**ブランドものが自分のものになってきます**。しっくりとなじんで着こなせるようになりました。むしろブランドものによって自分を引き立たせる。極論すると、自分自身がブランドになっていくイメージです。

それはバブル世代になるとより強くなり、大学もブランド、子どもの小学校・中学校もブランドというようになります。

中高生でウォークマンを手にする

1981年に、「ベストヒットUSA」の放送が開始され、1982年に発売されたマイケル・ジャクソンの「スリラー」が世界的に大ヒットします。

この世代の象徴的な商品は、1979年に発売されたソニーのウォークマン®です。

ポパイ・JJ世代もウォークマン®を利用しましたが、それは大学生や社会人になってからです。新人類世代は音楽に対する感度が最も高い中学生、高校生のときにウォークマン®を手にします。

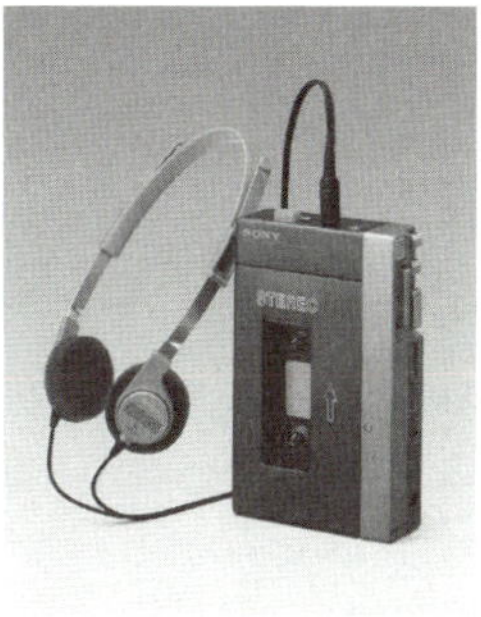
ウォークマン®(ソニー)

新人類世代が成人する1980年代にはアイドルブームが発生し、キャンディーズ、ピンクレディー、チェッカーズ、たのきんトリオ、松田聖子、中森明菜、小泉今日子、少年隊などが活躍しました。

そしておニャン子クラブが1985年に登場し、女子大生ブームがここでもう一度ブレイクします。

オタクが市民権を得る

いわゆるアニメやマンガなどに情熱を注ぐマニアックなファンを指す「オタク」も

サブカルチャーの濃い担い手として、どんどん存在感を増してきました。**オタクの芽はポパイ・ＪＪ世代にありましたが、本当にオタクが市民権を得たのは、この新人類世代のとき**です。

１９７４年には**「宇宙戦艦ヤマト」**、１９７９年に**「機動戦士ガンダム」**、１９８５年には**「タッチ」**などのアニメが大ヒットし、アニメブームが起きます。アニメブームがオタク文化の進化と増殖を促進し、**「オタクが文化をつくる」**という状況が生まれました。

これがいまのアキバにつながっています。ここからアニメフェスティバルを開催すれば、何十万人も来てしまうような文化が生まれました。

なお、「消費のツボ」に関しては、新人類とバブル世代が分けにくい面があり、次のバブル世代の項でまとめて述べたいと思います。

参考

✣ 子どものころのヒーロー

秘密戦隊ゴレンジャー／ドラえもん／マジンガーZ／キューティーハニー／タイガーマスク

✣ 有名人

石橋貴明／中井貴一／豊川悦司／岸谷五朗／三谷幸喜／筧利夫／松本人志／浜田雅功／太田光／田中裕二／工藤公康／秋山幸二／古田敦也／香川照之／リリー・フランキー／ジミー大西／出川哲朗／上島竜兵／内村光良／小山薫堂／堤真一／野々村真／椎名桔平／吉川晃司／本木雅弘／三木谷浩史／藤井フミヤ／布袋寅泰／ダイアモンド✡ユカイ／YOSHIKI／田原俊彦／石原良純／宮根誠司／高橋克実／ヒロミ

黒田知永子／斉藤慶子／叶恭子／松田聖子／小野リサ／YOU／江國香織／吉本ばなな／薬師丸ひろ子／中森明菜／岡本夏生／今井美樹／吉田美和／賀来千香子／真矢みき／俵万智／杉田かおる／いとうまい子（順不同）

松本人志が新人類世代の典型

お笑い芸人では、松本人志がいかにも新人類世代を象徴しています。ダウンタウン（松本人志、浜田雅功、ともに1963年生まれ）は吉本NSCの第一期生。

それまでのお笑い芸人というのは師匠に弟子入りしていたのが、2人は「誰にも頭を下げたことがない」といっていますし、周囲のお笑い芸人も、彼らを「師匠」とは呼びません。先輩と後輩ぐらいのゆるい上下関係です。それがなんとも新人類世代的といえます。

また、お笑い芸人では、出川哲朗も新人類世代です。ダウンタウンとほぼ同年であり、じつはすでに50代です。それにもかかわらず、普通に若者向けのバラエティ番組に出演し、ほとんど若者のように振舞っています。同じリアクション芸の上島竜兵や爆笑問題の太田光と田中裕二もここに入ります。

第4章

バブル世代

「私」の爆発、享楽の頂点へ

【阪本節郎】

区分

新人類世代を1961〜1965(昭和36〜40)年生まれの人たちと分けたので、ここではバブル世代を1966〜1970(昭和41〜45)年生まれの人たちとします。現在、40代半ばから後半の人たちです。

1【バブル世代】の時代背景

時代背景❶

経済によって個人が大きく変わった

1971年のニクソンショック、1973年と1979年のオイルショックにより、日本の高度経済成長期は終わりを迎えますが、経済はその後も安定成長を続けます。そして1980年代後半、ついにバブル景気が到来します。

日本の若者たちは、ディスコブームにわき、ウォーターフロントで華やかなナイトライフを送りました。国民は財テクに熱心に取り組み、円高を背景に海外旅行に出かけ海外ブランドを買い漁《あさ》りました。

企業も海外不動産や美術品を買い漁り、海外からは**「ジャパン・アズ・ナンバーワン」**とまでいわれ、日本経済は絶頂期を迎えます。国民全体が自分の生活水準を「中」と見なし、当時**「一億総中流」**という言葉が広まりました。

バブル世代は、このバブル景気（おおむね1986〜91年）の時期に就職した世代を指します。

『Japan as Number 1: Lessons for America』(Ezra F. Vogel, Harpercollins College Div)

戦後で見ると、このバブル世代と次の団塊ジュニア世代の断絶が最も大きな節目になります。

団塊世代からバブル世代までは日本経済が右肩上がりでしたが、バブルの崩壊によって、団塊ジュニア世代から右肩下がりになっていきます。

戦後から現在まで戦争もなく、世の中の体制も変わったわけではありませんが、この間、経済の面では大きく変わりました。これがひとつの大きな要因となり、個人の価値観や物の考え方、とらえ方が大きく変わっていきます。

「戦争」のような決定的な要因ではないところで、「経済」という要因によって「個人」が大きく変わっていく。その「個人」の変わり方が、逆にまた世の中を変えていっているような状況です。

それほど「個人」が重く、大きくなったといえるかもしれません。

時代背景❷

苦労なく正社員になれた時代

バブル世代が20歳のころは1986〜1990年です。

中学生から高校生のころの1980年代前半は、ツッパリ（不良）文化の最盛期でした。

矢沢永吉や横浜銀蝿などのリーゼント・ロックとツッパリ・ファッションが、当時

1992年、ジュリアナ東京で入社式を行った「メイテック」の新入社員たち（朝日新聞フォトアーカイブ）

の管理教育に反発する少年層の間で大流行します。校内暴力の発生件数が戦後最多を記録したのが、この時期です。

就職氷河期に就職時期が重なった団塊ジュニア世代と比べて、バブル世代の男性は当然ながら正規雇用者率が高く、非正規雇用者率が低い。**多くの人があまり苦労せずに正社員になれた恵まれた世代**です。

大卒、短大卒、専門学校卒、高卒の違いによって多少就職年次がズレるため、生まれ年によってはむしろ次の団塊ジュニア世代の実感に近い人もいるでしょう。

バブル世代の女性は大卒、大学院卒の場合、男女雇用機会均等法の第一世代と呼ばれた新人類世代に続いた世代です。本格的にキャリアウーマンをめざした女性も多く、バリバリと働いているバブル世代の女性が大勢います。

一方、高卒、短大卒、専門学校卒の場合には、「男は仕事、女は家庭」という戦後女性の価値観を引きずっており、専業主婦志向の女性が多数派という面もありました。

2【バブル世代】の特徴

『GLOW』創刊号（2010年10月）

特徴❶ 永遠のトレンドセッター

２０１０年秋に宝島社から『ＧＬＯＷ』が創刊され、30万部が即完売となりました。そのときのキャッチフレーズは**「40代女子」**で、小泉今日子とＹＯＵがキャラクターとして表紙を飾りました。

いまや『ＧＬＯＷ』は40万部に伸び、２０１２年４月には**「一生女子宣言」**をしました。**「美魔女」**もそうですが、こうしたトレンドワードが40代から出たのははじめてだといえるでしょう。その影響が上下の世代に伸びていることも特徴的です。まさにバブル女性の爆発力です。

40代女性から、仕事や制度的なことではなく消費やトレンドといった面で、世の中にインパクトをもたらす動きが出てきたことは重要です。子どもが中高生になり徐々に手がかからなくなった主婦と、非婚女性が同時に動き出したと見ることができます。

40代から60代の中高年意識がいま消滅しかかっていますが、バブル世代がそこに大きなパワーを与え続けることになるでしょう。

特徴 ❷

日本で唯一、貯蓄よりも消費を優先する世代

さらに重要なのは、**バブル世代は「貯蓄」よりも「消費」を優先する日本で唯一の世代**だという点です。

ジュリアナ東京が若いときのバブルの象徴で、自分たちが先端を担った世代です。当時、若者がトレンドセッターで世の中をリードしていることがさまざまなメディアでも語られました。まさに消費イコール世の中をリードすることであったわけです。

そのとき培われた感覚は、いまでも変わりません。

2011年5月26日のダイヤモンドオンラインの記事「30代の反面教師!? 年収が高いのにお金を貯められない40代バブル世代の『残念な5つの習慣』」によると、バブル世代は必要がないのに自動車を買い、生命保険会社も「ブランド志向」で選び、住宅ローンはボーナス払いの比重が高く、子どもを私立に入れたいために教育費負担がとても重い、といった傾向があげられています。

ちなみに、**このような特徴を、もともともっているのがアメリカ人**です。

アメリカで消費文化が起きたり、リーマン・ショック後の景気回復もわりと早かったりするのは、「貯蓄」より「消費」を優先する文化があるからです。マジョリティの中にこういう文化があるから、アメリカの景気回復は早いのです。

そもそもサブプライムローンの破綻がアメリカで起こったのも、この文化によるものといえます。現実的に考えれば破綻するのではないかというローンの組み方を最初からしているのですが、「素敵な家に住みたい」と入ってしまう。だから、ちょっとしたことで破綻し、家を出なければならなくなる。

日本ではさすがに家を出なければならなくなるほどのことはありませんが、**バブル世代は良くも悪くもアメリカ人気質をもっている**といえるのかもしれません。

特徴❸

万能感——理想形がプラスに働く人もいれば、ギャップに悩む人もいる

バブル世代を特徴づけるのは、何といっても**「万能感」**です。

「万能感」とは右肩上がり志向、ブランド志向が強く、大風呂敷を広げる。何でもできるような気がする。こういった傾向のことです。

バブル世代は2015年現在、40代半ばから後半で社会の中核になっていますが、万能感がプラスの方向に作用すると、大きな成果が生まれます。

とくに女性の場合は、男女雇用機会均等法後の企業の女性活用という流れとうまくかみ合った場合には、優秀な女性社員・女性管理職となります。団塊世代が企業のトップ層にいたときに、彼女たちを引き立てていた面もあります。

男性の場合には、個人の能力とうまくマッチすると、それほど無理をしていないの

『バブルさん』
（2010年）

に非常にいい仕事をするという、スマートで理想的な社員・管理職となります。

いま活躍している著名人にこの世代が多いというのは、自分の能力を余計な遠慮や自己嫌悪に陥らずに十分に発揮できているからそうなる、ということもいえます。

あらゆる角度から検討してなどと時間をかけずにある程度思い切りよく発言したり、行動したりする。この年代で活躍し続けているアスリートが多いのも、体力的に可能になったという面もあるでしょうが、潜在能力を発揮できる可能性を感じているからこそできるというところもあるでしょう。

ところが、一方ではマイナスに働く人もいます。とくに男性で、万能感と本人の実力とのギャップに悩む人もいるようです。万能感が壁になっていることがわかればかえって気が楽になり、本来の実力を発揮できるのではないでしょうか。

上司になったバブル世代の実態を取材した『**バブルさん　30代を悩ます迷惑上司の生態と対処法**』（阪急コミュニケーションズ）を書いた団塊ジュニア世代のライター斎藤啓さんは、**「自分を大きく見せる」**ことが顕著だと指摘しています。

自分たちの価値観を押し付け、手軽に達成感を得られた時代を経験していて、過去の武勇伝を語る。「そのような上司を、部下たちは『痛い』と感じているようです」と分析しています。

かたや**女性は恋愛至上主義で、女を武器にし、女子力が高い**。

『バブル女は「死ねばいい」』（2010年）

『バブル女は「死ねばいい」　婚活、アラフォー（笑）』（光文社新書）という物騒なタイトルの本を書いたバブル世代のライター杉浦由美子さんは、「結果を出すことよりも、がんばることに意味がある」とか「飲み会に参加するのも仕事のうち」とか「美人で仕事ができたとしても、男がいない女は負けである」と考えるのがバブル女だとしています。

これらは、団塊世代に対するその下の世代からの批判によく似ています。

団塊男性とバブル女性はパワフルさと、その裏返しとしての確執を生みやすいところに似た面があるのでしょう。

特徴❹ 子どもの教育はブランド志向で中学受験に邁進

バブル世代は、子どもの教育についてもブランド志向です。

私立志向、中高一貫校志向が強い。後ほどさとり世代の章で解説しますが、中学受験や私立受験が２００７年に至るまで過去最高をずっと更新していたのは、その親の中心がバブル世代や新人類世代であることも影響しています。

そして、一部の親は学校にささいなことでクレームをつけ、学校関係者に迷惑をかけて社会問題となっています。そういう親が**「モンスターペアレント」**と呼ばれています。

自分たちが中高生のころは校内暴力を起こし、学校を学校と思わない、先生を先生と思わないような行動をして、親になったら今度はモンスターになる。バブル世代の一部は、常に学校や先生が敵で、一生学校や教師と戦っているように見えます。

バブル世代はその志向性がプラスに作用するかマイナスに作用するかで、かなり周囲に与える影響も変わってしまうということがいえます。

40代から60代の中では団塊世代と並んでパワフルな世代であるだけに、プラスに作用すれば社会全体にも大きなプラスがもたらされるといえるでしょう。

3 【バブル世代】の消費・文化の歴史 ——若者消費文化は絶好調・最高潮

消費・文化の歴史❶ 就職は絶好の売り手市場

新人類世代の女子大生ブームに続いて、**「夕やけニャンニャン」**が1985年にフジテレビで放送開始されます。大都市の女子大生は、バブル文化の発信源として華やかなファッションブームや文化を生み出していき、消費対象としてもてはやされました。

大学卒業時にはバブル景気によって、**就職市場は大幅に好転、売り手市場**となりま

『CanCam』創刊号（1981年11月）

『ViVi』創刊号（1983年5月）

す。

企業から人気の高い有名大学の学生は「3S」、すなわち「寿司」「ステーキ」「ソープ（風俗）」や、ディズニーランド、海外旅行で接待されたケースもあります。当時の大卒の就職市場の様子は、映画『**就職戦線異状なし**』（1991年公開、織田裕二主演）が参考になります。

こうした1980年代のバブル経済全盛期に、女子大生向けファッション雑誌が数多く発行されました。1981年に『CanCam』（小学館）、1983年に『ViVi』（講談社）が創刊されます。『CanCam』の雑誌名の由来は「I Can Campus」（キャンパスリーダーになれるように）だそうです。

バブル世代の女子大生は、白ブラウスにカーディガン、ハイウエストのミニスカート、またはパンツルック、前髪をニワトリの鶏冠《とさか》のように立ち上げた出で立ちで、渋谷などを練り歩きました。

ジュリアナ、ボディコン、お立ち台、トレンディドラマ……

高級ディスコ「**マハラジャ**」が1980年代後半にディスコブームをつくり、1991年にはジュリアナ東京が港区芝浦のウォーターフロントに誕生します。

ここに夜な夜なワンレン、ボディコンの女性が集まり、通称「**お立ち台**」と呼ばれ

1993年、ジュリアナ東京の「お立ち台ギャル」（朝日新聞フォトアーカイブ）

たステージに上がって、**「ジュリ扇」**と呼ばれる羽根付き扇子を振り回して踊る姿は、いまでもバブル時代の象徴的な光景です。

テレビではトレンディドラマが数多く放送されました。**「男女7人夏物語」**（1986年）、**「抱きしめたい！」**（1988年）、**「東京ラブストーリー」**（1991年）などが代表的です。トレンディドラマはバブル時代の都会的なライフスタイルと若者の恋愛模様を描いて憧れと人気を呼びました。

バブル世代の象徴の車としては日産自動車**「シーマ」**があります。1988年に初代シーマが発売され、飛ぶように売れました。富裕層向けに国産初の全グレード3ナンバー仕様の高級セダンをつくったところ、蓋を開けてみると、富裕層に限らず爆発的なヒットとなったのです。高級品志向の商品が数多く発売されたこの年、日本人の意識の変化を物語る言葉として**「シーマ現象」**が流行語となりました。

グルメでは、イタメシの流行とともにイタリア生まれのチーズケーキ、ティラミスがブームになり、1990年に『Ｈａｎａｋｏ』が紹介しています。

日産シーマ（日産自動車）

『美STORY』
創刊号
（2009年8月）

「アラフォー」「美魔女」ブームをつくる

現在の「アラフォー」「美魔女」ブームをつくったのもバブル女性です。そういう意味で、**やはりバブル世代も引き続き女性が主役**です。

団塊世代は陰の主役が、じつは女性だったと説明してきました。ポパイ・JJ世代は、女性がだんだん表に出てきて、社会進出が進み、家庭内での発言権も増していきました。しかしそれでも世情の見え方としては、男性が前に出ていました。

それが新人類世代に来て、明らかに世の中での見え方も男性と女性が逆転します。新人類世代ですでに逆転しているのですが、バブル世代でより鮮明に女性が立ってきました。**完全に女性上位で、女性が文化の担い手**になりました。

2009年8月に『**美STORY**』（光文社）という40代向けの女性誌が創刊されました。ここから「美魔女」が生まれ、**「国民的美魔女コンテスト」**が開催されています。その後さらに、先に紹介したように、**「40代女子」**をスローガンに40代向けの『GLOW』が創刊されました。

ある70代の女性が同窓会から帰って来て「今日、女子会に行ってきたの」と話していたそうです。40代女子どころか70代でも女子。「女子」や「女子会」が女性の全世代に広がっています。バブル女性は前後の世代にも波及力を及ぼす、それだけのパワーをもっているのです。

4【バブル世代】の恋愛・結婚——主導権は女性

恋愛・結婚❶

選択権、主導権が女性に移る

新人類世代とバブル世代は、女性が自分に合う好みの男性を選び、ファッションのようにとっかえひっかえするようになりました。

ここで、**男性と女性の恋愛における力関係が逆転**しました。選択権はあくまで女性にあり、男性はひたすら仕えるだけとなります。

当時、**「アッシー君」「メッシー君」**と呼ばれる男性が出現しました。

アッシー君とは女性に自らの自家用車で送り迎えさせられる男性のことで、移動手段としての自動車のことを俗に「足」ということに由来します。

一方、メッシー君は食事を女性に奢らされる男性のことで、語源は食事を俗に「めし（飯）」ということにあるようです。当時は女性誌『Ｈａｎａｋｏ』が牽引したイタリア料理ブームで、同誌がイタリア料理を指して「イタメシ」と俗称したことが由来とされています。

恋愛・結婚 ❷

「三高」求めて「負け犬」に

新人類世代とバブル世代の女性たちは、結婚相手の条件に**「三高」**をあげました。すなわち**「高学歴」「高身長」「高収入」**の男性を求めました。

しかし、まさに高望みをして結婚できなかった女性は、やがて**「負け犬」**と呼ばれることになります。酒井順子さん（1966年生まれ）が2003年に出版したエッセイ**『負け犬の遠吠え』**（講談社）の中で、「30代以上、未婚、子ナシ」をこう表現することで、逆説的にエールを送りました。

『負け犬の遠吠え』（2003年）

日本では結婚・子育てこそが女の幸せとする価値観が根強い一方、結婚よりも仕事、家庭よりもやりがいを求めて職業をまっとうする女性が1980年代以降、増加の一途をたどっています。

その結果、気がついたときには**「浮いた話のひとつもない30、40代」**という女性が、職場では相応の地位を獲得しつつも結婚できないというジレンマに陥ります。

恋愛・結婚 ❸

非婚、バツイチ、子育て後の女性が一緒に遊ぶ

このような傾向は新人類世代以降に出てきたことですが、背景には男女雇用機会均

等法があります。

女性が責任ある仕事をずっと続けることができるようになり、結婚しなくても食べていける社会になったためです。結婚しない女性が増えるとともに、バツイチの女性もますます増え、いまやバツイチは普通のことになっています。

現在の新人類世代、バブル世代の女性は、このように非常にバラけています。非婚で仕事をしている女性、かたやバツイチの女性、かたや専業主婦もいる。

『GLOW』は要するに、子どもが手を離れてきて時間ができた女性と、バツイチの女性と、非婚で働いている女性がみんな一緒に遊べてしまう、そういうライフスタイルをうまく提示した雑誌です。だからこれほど40代女子に支持され、パワーをもっているのでしょう。

5【バブル世代】の消費のツボ――見た目にお金をかける

消費のツボ❶

アンチエイジングにお金をかける

この世代は、男女雇用機会均等法後の世代ですから、夫婦共稼ぎ、ダブルインカムの世帯がかなりいます。

夫婦で家計を別にして、それぞれ自分の口座をもっている場合も結構あるので、自由に使えるお金がかなりあります。未婚・非婚、バツイチの場合は、すべて自分が自由に使えるお金です。**自由なお金をもっている、はじめての世代**ともいえるでしょう。

そんな彼ら彼女らの消費のツボは何か――。

やはり何といっても**「アンチエイジング」**です。**とにかく見た目が若くありたい。そのためなら、お金を惜しみなく使います**。

もともと消費好きな人たちなので、そこに「女子会」「美魔女」などのワードを活かして、その意欲を加速させていく方法もあるかもしれません。

新人類世代やバブル世代である40代から50代の女性が、20代から30代をターゲットとしたファッションを好んで身につけているという現象も実際に起きています。母親と娘が同じような格好をしているのです。

「後ろから見たらミニスカートの若い女性だと思ったのに、前から見たら年長の女性だった」なんて経験をした人もいるのではないでしょうか。なかには、本当に若く見える女性もいます。まさに美魔女です。

メイクもファッションも、若く見られたがっています。

ずっと女子でいたい、女子であり続けるのだという並々ならぬ努力を感じます。

もちろん個人差はあるでしょう。本当に20代の若さを保ち続けたいという人もいるでしょうし、40代からはもう歳をとりたくないという人もいるでしょう。

しかし自分らしさをもってカッコいい50代になりたいというのは、多くの人が思うところだと思います。その先もできればそのままでいたい、という気持ちも強くなるでしょう。

そのためには、生涯を通じて継続的な努力が必要になります。**本格的なアンチエイジングはバブル世代と新人類世代女性から始まる**といえます。

ちょい不良《ワル》から永続的な自分らしさへ

一方、新人類世代やバブル世代の男性はどうかというと、それこそ東京ベイエリアの高層マンションに独身で住んでいるような人もいますし、ちょい不良おやじを気取ってブランドものの服や小物を身につけ、若い女性とバーでグラスを傾けているような人もいます。

男性ファッション誌『ＬＥＯＮ』（主婦と生活社、２００１年創刊）を支持しているのは、そんなバブル世代と新人類世代が中心です。

彼らにはアンチエイジング、ファッション、ブランド、モテのキーワードが響くでしょう。彼らの中には**「40代男子」**を自認している男性もいます。

消費のツボ ❷

『LEON』
創刊号
（2001年9月）

そこまで行っているのはごく一部だとしても、老けることなく自分らしくあり続けたい、自然体であり続けたいというのは、多くの男性に共通したことだといえるでしょう。

消費のツボ❸

男女ともにひとりの男性・女性であり続ける

こうした新人類世代およびバブル世代に共通の特性があります。それは、これまでの40代は父親・母親・サラリーマン・主婦という顔をもっていて、こうした社会的な顔がすべてだったといえます。

しかしながら、新人類世代とバブル世代からは、もうひとつの顔をもち始めました。それは、**どこまで行っても「ひとりの男性」であり「ひとりの女性」である**という顔です。

別にそれで不倫をするというわけではなく、どこまで行っても「私」をもち続けるということです。さきほどの『GLOW』が女性誌であり主婦誌でもママ誌でもないのは象徴的です。

また40代にフェイスブックが大流行なのは、そのあらわれのひとつともいえるでしょう。

フェイスブック上で語られるのは、基本的には個人的なことです。仕事や家族のことはたまに語られることはあっても、基本は私の日常生活であり、私の気づいた風景です。

消費のツボ❹

仲間消費にお金を使う

さらに仲間です。**仲間消費にお金を使うのが、バブル世代の特徴**です。

接待費の節減という全体的な傾向で、サラリーマンゴルフが減少しつつある中、**仲間ゴルフ**が増えています。同期同士のゴルフなどです。仕事に直接役立つというわけではないが、楽しいゴルフをしたいという気分です。

結局、**女子会**もそうです。仕事とは関係ない女子会や主婦同士の女子会も多いでしょう。それは、楽しいから今度また女子会をやりましょうよ、となるわけです。

これらは割安でできることは望ましくとも、あまりにもチープなところでは、やりたくないという点が特徴です。それなりのところでできたほうがいい、できればちょっとリッチなところで。それがバブル世代であり新人類世代なのです。

参考

❖ 子どものころのヒーロー

機動戦士ガンダム／Dr.スランプ アラレちゃん／うる星やつら

❖ 有名人

福山雅治／槇原敬之／岡村隆史／橋下徹／宮藤官九郎／三浦知良／清原和博／武豊／松岡修造／トータス松本／長嶋一茂／織田裕二／月亭方正／ウド鈴木／坂上忍／スガシカオ／桜井和寿／薬丸裕英／パパイヤ鈴木／伊集院光／ダンディ坂野／内野聖陽／葉加瀬太郎／佐々木蔵之助／桑田真澄／つんく♂／名倉潤／諸星和己／羽生善治

小泉今日子／国生さゆり／早見優／江角マキコ／天海祐希／南野陽子／坂本冬美／蓮舫／杉本彩／鈴木京香／森口博子／勝間和代／中村江里子／森高千里／鈴木杏樹／有働由美子／山瀬まみ／八塩圭子／河瀬直美／鶴田真由／クルム伊達公子／室井佑月（順不同）

新人類世代の象徴がYOU、バブル世代の象徴が小泉今日子

新人類世代のYOUとバブル世代の小泉今日子は『GLOW』創刊号の表紙を飾ったキャラクターの2人で、この世代の象徴です。天海祐希はいま的な40代女性の代表格。蓮舫、クルム伊達公子、勝間和代など非常にパワフルな女性が多く、この世代の特徴が出ています。

男性には福山雅治、武豊、Mr.Childrenの桜井和寿がいて、意外にスマートなイメージです。女性がパワフルなのと比べて対照的です。お笑いでは、ナインティナインの岡村隆史、ダンディ坂野がいます。彼らは新人類世代のダウンタウンや爆笑問題と並んで、これまでとはまったく違う40代、50代になろうとしています。中年になっても体を張って、若者のジャンルに入っている。若者のまま大人になったというところが、この世代の特徴をあらわしているように思います。

第5章

団塊ジュニア世代

「私」の多様化、「格差時代」へ

【原田曜平】

区分

まず、この本で取り上げる「団塊ジュニア世代」とは、1971～1982（昭和46～57）年生まれ、30代前半から40代半ばにさしかかる人たちです。

一般的に「団塊ジュニア世代」とは、1971～1974年生まれの人たちを指しますが、本書においては彼らだけを論じることはせずに、その下のいわゆる「ポスト団塊ジュニア世代」と呼ばれる1975～82年に生まれた世代とあわせて「団塊ジュニア世代（群）」として論じることにします。「団塊ジュニア世代」と「ポスト団塊ジュニア世代」には共通の特徴があり、両世代をあわせて論じることで、現在の30代の特徴をざっくりとつかむことができるからです。なお、ここでは、ちょうど中間に位置する1977年近辺に生まれた団塊ジュニア（群）にフィーチャーして執筆しています。その上や下の世代は多少の違和感を感じる部分もあるかもしれませんが、ざっくりとこの世代をとらえていただけると幸いです。

1【団塊ジュニア世代】の時代背景

時代背景❶

戦中派、団塊世代、ポパイ・JJ世代の子どもたちとして生まれる

この世代は戦中派や団塊世代、ポパイ・JJ世代の子どもたちとして生まれました。団塊世代はいうに及ばず、ポパイ・JJ世代もそれなりの人口ボリュームを有していることもあり、団塊ジュニア世代は人口ボリュームが大きいことが特徴です。

また、家庭環境でいうと、**「夫が働き、妻が家庭を守り、子どもが二人いる」という、いわゆる標準世帯が定着していたころに生まれています**。

団塊世代の親以降、家庭内において家父長制のような「子が親に従う」という価値観も弱まり、「ニューファミリー」と呼ばれる比較的自由な雰囲気の中で育ちました。

時代背景❷

就職氷河期を体験する

次に、時代背景の2つめとして、**ちょうど団塊ジュニア世代が就職する直前にバブルがはじけ、就職氷河期に突入する**ことになります。

1989年12月29日の大納会をピークに日経平均株価は暴落に転じ、バブル景気は

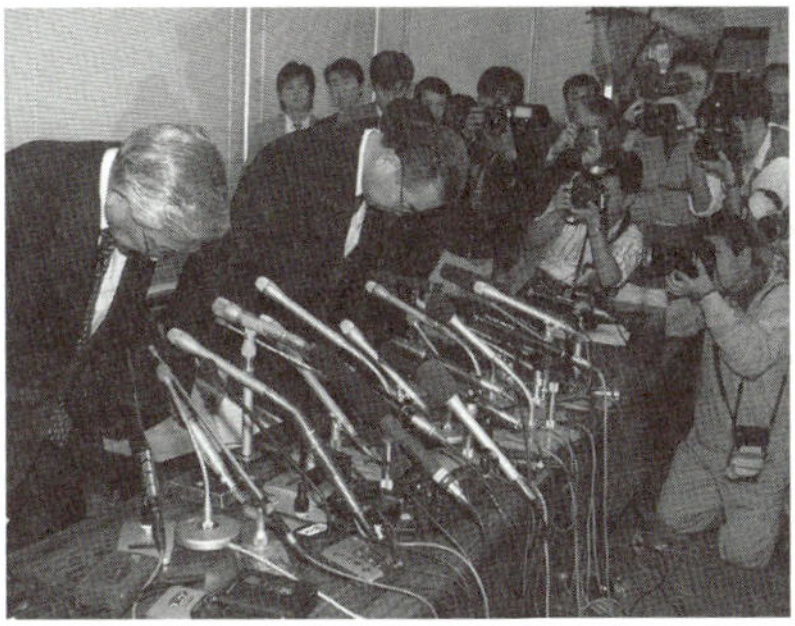

1997年、山一證券の自主廃業の記者会見
（朝日新聞フォトアーカイブ）

崩壊へと向かいます。1990年代後半には北海道拓殖銀行、山一證券など大手金融機関が相次いで破綻。日本経済は右肩下がりに突入します。このような1990年代の状況は「失われた10年」、その後「失われた20年」と呼ばれました。

厳しい経済状況の中、企業もリストラで人員整理を行う一方、新卒採用も絞り込みました。新卒求人倍率の推移を見ても、1990年代は低下の一途をたどり、有効求人倍率について、1991年は1・40（大卒の求人倍率は2・86）、1992年は1・08（2・41）でしたが、1993年には0・76（1・91）と1を割り込み、1971年生まれの団塊ジュニア世代の先頭バッターが就職した1994年には1・55と一気に落ち込みます。最も底だったのは1999〜2001年の3年間で、**就職氷河期の煽りを最も受けた大卒者は1970年代後半生まれ、現在の30代後半の人々**でした。

この低水準は、1983年生まれの大卒が就職する2006年まで続くことになります（なお、その後有効求人倍率や就職内定率が大幅に回復しますが、その背景には、団塊世代の大量退職や実感なき景気回復などがあります）。

第一志望の会社に合格しないのは当然の状況で、内定がまったくとれなかったり、本人がすべりどめ以下の肩慣らしに受けたとしか思っていない会社にしか受からない人、希望の会社に受からず志もないまま大学院へ進学する人もいました。こうした状況が納得できず、小さなベンチャー企業に就職し、一発逆転を狙おうとする人もいました。

一応就職はしたものの、希望の会社ではなかったために、すぐに転職してしまったり、安定を捨て、夢を追おうと自営業を始める人もいました。

一流企業に無事入った人でも、一生会社にしがみつく意識は上の世代に比べると総じて弱く、チャンスがあれば少しでも条件のいい会社に転職しよう、独立しようと考えている人も多くいるようです。

2 【団塊ジュニア世代】の特徴

特徴❶ 同世代の人口が比較的多い

それでは、「団塊ジュニア世代」の特徴とはいったい何でしょうか?

まず、先ほども述べたように**「同世代の人口が比較的多い世代」**だということです。

現在40歳前半の一般的な定義でいう1971〜74年生まれの「団塊ジュニア世代」では年間200万人以上が生まれ、30代の「ポスト団塊ジュニア世代」でも150万人以上の子どもが生まれています。

この人口ボリュームの多さゆえに、彼らは幼少のころから常に**「消費の中心プレーヤー」**として社会や市場から注目されると同時に、**激しい受験戦争も体験**することになりました。後述しますが、これらの事実は彼らのメンタリティーに大きな影響を与えています。

余談ですが、ある団塊ジュニア世代の女性（1973年生まれ）にインタビューしたところ、彼女がこんなことを話してくれました。

「高校3年のとき、塾の授業中に友達が、『私たちは受験も大変だし、就職も大変だし、最後、お墓を買うのもきっと大変よ』といっていたのを覚えています」

まだ高校生なのに、女性はなんて超現実的な生き物なんだろうと驚愕させられるとともに、団塊ジュニア世代の人口の多さを言い表したエピソードだと思います。

特徴❷

上の世代の価値観に疑問を抱いている

2つめの特徴は、**「上の世代の価値観に疑問を抱いている」**ということです。

豊かな経済成長期に幼少時代・学生時代を過ごし、激しい受験戦争を経てようやく大学に進学したにもかかわらず、いざ就職となったとたん、一気に景気が悪くなり就職が厳しくなってしまった。そのため、**「上の世代のツケを自分たちが払わされた」**

という不満を抱いている人が多い世代であり、**同世代における賃金格差が広がった世代**ともいえるでしょう。

「平成不況」という突如訪れた未曾有の出来事によって、経済が右肩上がりの時代を過ごした上の世代の価値観に疑問を抱き、新たな価値観を模索している世代ということができます。

特徴❸

自己啓発や自分探しが大好き

また、**団塊ジュニア世代は、自己啓発や自分探しを好む人が多い世代**でもあります。

団塊ジュニア世代は物心がついたころから日本が好景気で、自分も「がんばっていい学歴をとっていい会社に入れば幸せになれる」と信じて疑わずに育ってきました。

人口が多い中、熾烈な受験競争をなんとか勝ち抜いてきたものの、就職時期にいきなり就職氷河期に直面。その結果、信じられるものがなく、「自分探し」や「自己啓発」が好きで、がんばっているとき以外は不安で仕方がない人たちでもあります。

「自己啓発が好き」という意味では、後述しますが、勝間和代さん（1968年生まれ・バブル世代）に憧れるいわゆる**「カツマー」**の中心層は、団塊ジュニア世代の女性です。

また**「自分探しが好き」**という意味では、サッカーの中田英寿さん（1977年生まれ）が、しばしばそうした文脈で例に出されます。

スーパースターの中田さんに就職氷河期は無縁でしたが、バブルの崩壊をきっかけに、幼少期から刷り込まれてきた価値観の崩壊を体験した世代だからでしょうか、彼も引退後は解説者や監督など既存のルートに乗ることをめざすことなく、世界旅行や日本各地へ旅立ち、自分探しを続けています。

以前、ロンドンブーツ1号2号の田村淳さん（1973年生まれ）とお会いした際、田村さんも芸能界を引退したら日本中を旅して回るのが夢だとおっしゃっていました。

また、『日本経済新聞』（2012年12月3日朝刊）によると、独立行政法人日本学生支援機構の調査から、2011年度の日本人留学生のうち、10代、20代が減る中、30代は16・5％を占め、前回の2004年度調査に比べて約2倍になったそうです。

留学時点の立場は無職・休職中の人が31・4％で、2004年度に比べて10・7％増加。つまり、離職・休職し、海外留学する30代が増えているのです。

次章の**「さとり世代」が海外離れを起こしているのに対して、海外志向が強く、自分探しが好きな世代**ということができます。

特徴❹
団塊ジュニアは「フリーター」「非正規社員」「高学歴ワーキングプア」の先駆け

就職氷河期に当たったということは、**いい会社に受かった、あるいはビジネスで成**

功した「勝ち組」と、希望の就職ができなかった「負け組」が、若いうちから同世代間ではっきり分かれ始めたことを意味しています。

全国消費実態調査を見ると、30代の同世代間格差をあらわすジニ係数は、1979年には0・210、1994年には0・213であまり変化がありませんが、団塊ジュニア世代が30代になった2004年には0・223、2009年には0・233まで上昇します。

有名大学の卒業生でも、いわゆる**「ブラック企業」**（入社をすすめられない労働搾取型企業。海外では「スウェットショップ」と呼ばれている）を転々とする人、フリーター、非正規雇用の人が非常に多いのも特徴です。

事実、フリーターの数の推移を見ると、1992年には101万人でしたが、それから年々上昇し、2002年には208万人、2003年にはピークの217万人に達しています。

また、非正規社員の比率も、小泉政権（2001年4月26日～2006年9月26日）の規制緩和以降拍車がかかり、2014年には過去最高の37・4%を超えました。いまや全雇用の3人に1人超が非正規雇用となるに至っています。

この世代には、一流大学を卒業しながら一流とされる企業に就職できず、それどころかフリーターや無職やニートになる**「高学歴ワーキングプア」**と呼ばれる人たちがなおたくさんいます。

3【団塊ジュニア世代】の消費・文化の歴史——「三代将軍家光」から「時代の被害者」へ

団塊ジュニア世代の幼少期・青年期は「三代将軍家光」

これまで団塊ジュニア世代の不遇な面ばかりを書いてきましたが、**彼らは就職時期を迎えるまでは戦後、最も恵まれた時期を過ごしてきた世代**です。

団塊ジュニア世代より上の世代は、世代によって程度の差こそあれ、子どものころの日本はまだ貧しい状況でした。それが団塊ジュニア世代になると、そうした貧しさは基本的にはあまり知りません。

実質GDPの対前年度増減率を見ると、高度成長期であった1956〜73年の平均は9・1%、団塊ジュニア世代が生まれたころから就職活動を送る前までの時期の1974〜90年の平均は4・2%、団塊ジュニア世代の就職活動時期以降の1991〜2011年の平均は0・9%でした。

つまり、団塊ジュニア世代が生まれる前までに、日本は高度経済成長ステージをほぼ完了させ、1968年にはGDPが世界第2位にもなっており（現在は中国に抜かれて第3位）、彼らが生まれてから就職活動時期まで、それでもなお日本経済は平均して4％台の成長を続けていたわけです。

徳川三代将軍の家光は、父・秀忠の死後、諸大名を前に「余は生まれながらの将軍である」と宣言したといわれています。祖父・家康と父・秀忠は戦国武将の出自だが、自分は生まれながらの将軍であり、格が違うという自信満々のスピーチです。

戦争終了直後、現在の北朝鮮よりGDPが低かった日本で、戦後復興世代がレールを敷き、団塊世代以下がそのレールを全速力で走り、日本が貧しさから脱したあとに生まれた団塊ジュニア世代は、少なくとも就職活動前までは三代将軍家光のような心持ちだったかもしれません。

しかし、その後、家督を継いだとたん（就職活動時期）に、日本経済は下降、あるいは成長をほとんどしなくなってしまいます。

団塊ジュニアは「ファミコン世代」

団塊世代は人口が多かったこともあり、いつでも世の中の主役的な側面がありました。学生時代には学園紛争を起こし、結婚したときには「ニューファミリー」と呼ばれ、中年になると「スニーカーミドル」と呼ばれ、現在は彼らの大量退職やそれによ

メンコ
（wikipedia）

1958年、フラフープに興ずる女性
（wikipedia）

ってつくり出される巨大なエルダーマーケットが注目を浴びています。

とはいえ、「ニューファミリー」と呼ばれるようになるまでは、まだ日本も彼ら自身も貧しかったこともあり、消費の主役という認識は世の中にはありませんでした。

幼いころの団塊世代の遊びも、手づくりの竹や紙でのちゃんばらごっこ、あやとり、折り紙を水に浸してつくる色水、輪ゴムでつくる糸巻き戦車、自分でつくる竹馬、鬼ごっこや缶けりや馬跳びやゴム跳びで、とにかく「消費」ではなく基本的にはほぼ無料の「手づくり」だったわけです。フラフープやメンコやベーゴマは「消費」といえたかもしれませんが、せいぜいその程度でしょう。

ところが人口が多く、生まれたときからすでに豊かであった三代将軍家光のような団塊ジュニアは、幼いころから消費という観点で主役でした。

任天堂の家庭用ゲーム機**「ファミリーコンピュータ」**（通称ファミコン、1983年発売）と集英社のマンガ雑誌**『少年ジャンプ』**（1968年創刊）は**幼いころの団塊ジュニア世代が主役になり、巨大市場に成長した象徴的な事例**です。

累計販売台数が日本で約1900万台を超えた「ファミコン」には「ファミリー」という名前がついていたものの、人口の多い団塊ジュニア世代もメインターゲットの一部だったと考えられます。

ファミコン名人の当時ハドソン社員で16連射（ファミコンのボタンを1秒間に16回押せる）が得意な「高橋名人」が、幼い団塊ジュニア男子にとってのスターでした。**「スーパーマリオブラザーズ」**（1985年発売）、**「ドラゴンクエスト」**（1986年発売）が流行り、学校帰りに毎日誰かの家に集まって、みんなで遊ぶというのが定番でした。

団塊ジュニアは「ジャンプ世代」

『少年ジャンプ』の公称販売部数は、団塊ジュニアが少年期だったころから上昇し始め、彼らが思春期だった1990年代前半には600万部を超えました。**『キン肉マン』**（1979年開始）、**『キャプテン翼』**（1981年開始）、**『北斗の拳』**（1983年開始）、**『ドラゴンボール』**（1984年開始）、**『聖闘士星矢』**（1986年開始）などの連載マンガは男子の間でとくに人気でした。

大ヒットとなった**『SLAM DUNK』**（1990〜96年）が掲載された時期、**『少年ジャンプ』の売上げは、1995年3-4号で653万部の歴代最高部数を記録**しますが、これは人口が多かった団塊ジュニア世代が『SLAM DUNK』を読みたさに、少年期を脱してもなお『少年ジャンプ』を購入していたことが、ひとつの大きな理由だといっても過言ではないでしょう。

『少年ジャンプ』のマンガはアニメ化、しかもゴールデンタイムで放送されるもの

[図表5>1] 2009年『少年ジャンプ』発歴代アニメ平均視聴率ランキング

1位	Dr.スランプ アラレちゃん	22.8%	1981～1986年放送
1位	グレートマジンガー	22.8%	1974～1975年放送
3位	マジンガーZ	22.1%	1972～1974年放送
4位	ドラゴンボール	21.2%	1986～1989年放送
5位	ドラゴンボールZ	20.5%	1989～1996年放送
6位	ハイスクール!奇面組	19.2%	1985～1987年放送
7位	幽☆遊☆白書	17.6%	1992～1995年放送
8位	世紀末救世主伝説 北斗の拳	17.1%	1984～1987年放送

出典：平均王子

も多く、高い視聴率を獲得しました。

［**図表5＞1**］は2009年『少年ジャンプ』歴代アニメ平均視聴率ランキングですが、**「グレートマジンガー」**と**「マジンガーZ」**は、バブル世代が幼いときのアニメであるものの、ほかは団塊ジュニア世代が幼いときのものばかりです。

いまでは子どもの数が大幅に減っていることもあり、ゴールデンタイムで放送されるアニメはほとんどありません（中年になった団塊ジュニア世代のオタク向けの深夜アニメ放送がいまは多くなっています）。

当時は、子どもだった団塊ジュニア世代が視聴者人口で占める割合も大きく、家庭のテレビ視聴の中心にいたことがわかります。

またファミコンと『少年ジャンプ』に付随した商品として、ディスクシステム、ファミリートレーナー、ゲームボーイ、キン肉マン消しゴム（通称キン消し）などが数多く発売され、人気を博しました。

消費・文化の歴史❹

『月刊コロコロコミック』「ビックリマン」「ミニ四駆」

ファミコンと『少年ジャンプ』以外でも、子どもたちに売れていたマンガ雑誌や商品もたくさんありました。

たとえば、子どもに人気だった**『月刊コロコロコミック』**（小学館・１９７７年創刊）で連載されていた**「ビックリマン」**（１９７７年、ロッテから発売）や**「ミニ四駆」**などがそれです。**「ビックリマン」の天使と悪魔のシールが欲しくて、シールだけを抜いてチョコを捨てる事件が全国で多発し、社会問題化**しました。

１９８０年代後半からは、ミニ四駆全国選手権大会**「ジャパンカップ」**が開催されるようになりました。

ミニ四駆のサーキットを買ってもらった男子はクラスのヒーローで、毎日その子の家に集まり、自身のミニ四駆を軽量化し、お互いの速さを競っていました。

消費・文化の歴史❺

女子は『Myojo』『りぼん』『なかよし』

女子も消費を牽引していました。

たとえば、**１９８７年にデビューした光ＧＥＮＪＩの人気は、幼少期〜思春期にあった団塊ジュニア女子が大きく貢献**していました。

光GENJIの全盛期に芸能雑誌の『Myojo』（集英社・1952年創刊）の売上げは過去最高を記録し、全国の小学生の間では光GENJIの影響からローラースケートが大流行しました。

またサンリオがハローキティを誕生させたのが1974年で、**ハローキティも団塊ジュニア女子とともに育ってきました。**

女子向けマンガ雑誌の『**りぼん**』（集英社・1955年創刊）と『**なかよし**』（講談社・1954年創刊）も、団塊ジュニア女子が対象年齢となる1980年代後半から部数が上昇し始め、**1994年に『りぼん』は少女マンガ誌では史上最高の部数となる255万部を発行、『なかよし』も1993年には発行部数が205万部を突破**しました。1985年に発売されたシルバニアファミリーも、団塊ジュニア女子から人気となったアイテムといえます。

初代コンビニ世代、初代カラオケ世代——若者文化のクリエーターだった

このように、人口が多かったこともあり、団塊ジュニア世代は子どものころから消費の中心プレーヤーでした。逆にいえば、**子どもの娯楽消費が企業に注目され、マーケットとして取り込まれた最初の世代**ということができると思います。

そして団塊ジュニア世代は豊かに育ったうえに人口が多かったので、思春期になっ

コンビニとカラオケボックスが合体。東京に1号店
（2014年、朝日新聞フォトアーカイブ）

ても消費の中心でした。

たとえば、団塊ジュニア世代は、**初代コンビニ世代**です。

１９７１年に日本初のコンビニ（ココストア）が愛知県に開店しました。ファミリーマートの第１号店開店は１９７３年で、セブン－イレブン第１号店開店は１９７４年。**コンビニは、まさに団塊ジュニア世代の誕生とともに生まれ、一緒に成長してきた**といえます。「コンビニの前にたむろする若者たち」という若者イメージは、まさに思春期になった団塊ジュニア世代が中心となってつくり出してきました。

団塊ジュニア世代は、**初代カラオケ世代**でもあります。

１９５０年代の歌声喫茶、１９７０年代後半にはカラオケスナック、１９８０年代にはカラオケボックスはすでにありましたが、１９９２年にタイトーが通信カラオケ「Ｘ２０００」を発売し、同年、エクシングも「ＪＯＹＳＯＵＮＤ」を発売するなど、通信カラオケが生まれたのをきっかけに、現在のカラオケボックスが、団塊ジュニア世代が青春期であった１９９０年代に普及しました。

カラオケとも関連していますが、団塊ジュニア世代は**「最もＣＤを買った世代」**といっても過言ではないと思います。

音楽ソフト（ＣＤ、カセット、レコード、音楽ビデオなど）の売上金額を見ると、団塊ジュニア世代が青春期の１９９８年に６０７５億円に達し、ピークを迎えていることがわかります（その後、音楽ソフトの売上金額は13年連続減少し、2014年には2542億円にまで落ち込みます）。

ミリオンセラーは2001年以降は毎年0〜数作しかないのに対し、1994年から1998年には20作前後とミリオンセラーラッシュが起きています。この**90年代後半のCDブームを支えた主役は、まさに青春期の団塊ジュニア世代**でした。

象徴的な音楽アーティストは小室哲哉です。

次ページの【**図表5ー2**】は1995年のミリオンセラーですが、全23作品のうち、彼がプロデュースに関わった作品は6作品にも及びます。彼がプロデュースするミュージシャンは**「小室ファミリー」**と呼ばれ、ことごとく大ヒットしました。

野島伸司と「新世紀エヴァンゲリオン」

また、1990年代にはヒットドラマもたくさんあり、青春期の団塊ジュニア世代も視聴者の中心層でした。

90年代のドラマで象徴的なのは、脚本家の野島伸司さんです。

彼は**「101回目のプロポーズ」**（1991年、フジテレビ）、**「愛という名のもとに」**（1992年、フジテレビ）、**「高校教師」**（1993年、TBS）、**「ひとつ屋根の下」**（1993年、フジテレビ）などを手掛けました。野島伸司さんのドラマは暴力、いじめ、障害者、

[図表5>2] 1995年のミリオンセラー

アーティスト名	作品名	メーカー名	発売日
MILLION SELLER SINGLE 23titles			
安室奈美恵	Chase the Chance	エイベックス・ディー・ディー	1995.12.4
H Jungle with t	WOW WAR TONIGHT ～時には起こせよムーブメント～	エイベックス・ディー・ディー	1995.3.15
H Jungle with t	GOING GOING HOME	エイベックス・ディー・ディー	1995.7.19
L⇔R	KNOCKIN' ON YOUR DOOR	ポニーキャニオン	1995.5.3
大黒摩季	ら・ら・ら	ビーグラムレコーズ	1995.2.20
岡本真夜	TOMORROW	徳間ジャパンコミュニケーションズ	1995.5.10
桑田佳祐/Mr.Children	奇跡の地球	ビクターエンタテインメント	1995.1.23
globe	DEPARTURES	エイベックス・ディー・ディー	1996.1.1
サザンオールスターズ	あなただけを	ビクターエンタテインメント	1995.7.17
シャ乱Q	ズルい女	BMGビクター	1995.5.3
スピッツ	ロビンソン	ポリドール	1995.4.5
セリーヌ・ディオン with クライズラー&カンパニー	TO LOVE YOU MORE	EPIC・ソニーレコード	1995.10.21
trf	OVERNIGHT SENSATION ～時代はあなたに委ねている～	エイベックス・ディー・ディー	1995.3.8
trf	masquarade	エイベックス・ディー・ディー	1995.2.1
Dreams Come True	LOVE LOVE LOVE/嵐が来る	EPIC・ソニーレコード	1995.7.24
B' z	ねがい	ルームスレコーズ	1995.5.31
B' z	love me, I love you	ルームスレコーズ	1995.7.7
B' z	LOVE PHANTOM	ルームスレコーズ	1995.10.11
FIELD OF VIEW	突然	ツァインレコード	1995.7.24
福山雅治	HELLO	BMGビクター	1995.2.6
MY LITTLE LOVER	HELLO, AGAIN ～昔からある場所～	トイズファクトリー	1995.8.21
Mr. Children	【es】～Them of es～	トイズファクトリー	1995.5.10
Mr. Children	シーソーゲーム ～勇敢な恋の歌～	トイズファクトリー	1995.8.10
MILLION SELLER ALBUM 24titles			
安室奈美恵	DANCE TRACKS Vol.1	東芝EMI	1995.10.16
大黒摩季	LA. LA. LA	ビーグラムレコーズ	1995.7.19
大黒摩季	BACK BEATs #1	ビーグラムレコーズ	1995.12.11
米米 CLUB	DECADE	ソニーレコード	1995.2.20
ZARD	forever you	ビーグラムレコーズ	1995.3.10
シャ乱Q	勝負師（ギャンブラー）	BMGビクター	1995.11.22
スキャットマン・ジョン	スキャットマンズ・ワールド	BMGビクター	1995.8.23
鈴木雅之	MARTINI II	EPIC・ソニーレコード	1995.10.13
スピッツ	ハチミツ	ポリドール	1995.9.20
trf	dAnce to positive	エイベックス・ディー・ディー	1995.3.27
trf	trf hyper mix4	エイベックス・ディー・ディー	1995.6.21
trf	BRAND NEW TOMMOROW	エイベックス・ディー・ディー	1995.12.11
TUBE	ゆずれない夏	EPIC・ソニーレコード	1995.6.17
Dreams Come True	DELICIOUS	EPIC・ソニーレコード	1995.5.31
B' z	LOOSE	ルームスレコーズ	1995.11.22
氷室京介	SINGLES	東芝EMI	1995.7.19
福山雅治	M COLLECTION　風を探してる	BMGビクター	1995.6.9
MY LITTLE LOVER	evergreen	トイズファクトリー	1995.12.5
松任谷由実	KATHMANDU	東芝EMI	1995.12.1
マライア・キャリー	デイ ドリーム	ソニーレコード	1995.9.30
森高千里	DO THE BEST	ワン・アップ・ミュージック	1995.3.25
吉田美和	beauty and harmony	EPIC・ソニーレコード	1995.12.18
山下達郎	トレジャーズ	イーストウエスト・ジャパン	1995.11.13
WANDS	PIECE OF MY SOUL	ビーグラムレコーズ	1995.11.13

出典：一般社団法人日本レコード協会

自殺問題などの暗いテーマを同性愛、近親相姦、強姦など衝撃的なストーリーで描いており、賛否両論、大きな議論を呼びました。

いずれにせよ**1990年代はドラマの主題歌がCDでミリオンセラーになり、それがカラオケで歌われるという「ドラマ」「音楽アーティスト」「カラオケ」の三位一体のマス的な消費が、主役である団塊ジュニア世代によって牽引**されていました。

ほかに特筆すべきは、**「新世紀エヴァンゲリオン」**（1995年10月4日から1996年3月27日にテレビ東京系列［TXN］で放送）です。ロボットアニメの常識を覆すような、謎の多い設定、登場人物たちの心の葛藤、聖書を連想させるストーリーなど、団塊ジュニア世代の一部を強く巻き込み、社会的現象となりました。

Jリーグ発足からサッカー人気

スポーツでいえば、**いまにつながるサッカー人気の勃興期を経験した世代**です。

団塊ジュニア世代のSMAPの中居正広さん（1972年生まれ）が熱烈なジャイアンツファンで、とくに4番バッターだった原辰徳選手（現ジャイアンツ監督）のファンであるとテレビで公言しているように、団塊ジュニア世代の子どものころはまだ野球人気が根強くありました。

ファミコンでは**「ファミスタ」**（「プロ野球ファミリースタジアム」の略。1986年発売）

ヴェルディ川崎の三浦知良選手（1994年、朝日新聞フォトアーカイブ）

や**「燃えプロ」**（「燃えろ!!プロ野球」の略。1987年発売）などの野球ゲームで遊び、男子の習い事も多くは野球でした。

ところが1993年にサッカーのJリーグが発足すると、熱狂的なサッカーブームになり、ゲームのプレイステーションでも1995年から**「ウイニングイレブン」**シリーズが発売され、徐々に男性の人気スポーツは野球からサッカーへ移行していきます。

巨人の話しかしていなかった野球ファンの男子が、突然Jリーグの発足直後、カズの「またぎフェイント」（カズこと三浦知良選手がボールをまたぎながらドリブルをすること）と「カズダンス」（三浦知良選手がゴールを決めたあとに踊るダンスのこと）のマネばかりするようになったという光景を見たことのある団塊ジュニア世代も少なくないはずです。

SMAPには団塊ジュニア世代の特徴が見られる？

国民的アイドルグループのSMAPのメンバーは中居正広さんと木村拓哉さんが1972年、稲垣吾郎さんが1973年、草彅剛さんが1974年生まれで、1977年生まれの香取慎吾さん以外は全員狭義の意味での団塊ジュニア世代、香取さんも香取慎吾さんも本書でいうところの広義の意味で団塊ジュニア世代です。

SMAPには、じつは団塊ジュニア世代の特徴がかなり見られるように思います。

彼らは競争の激しい芸能界において、戦後のアイドル史上、前例がないほど長い間、第一線で活躍をしていますが、その秘密は人口が多く、競争慣れした団塊ジュニア世代の勝ち組だからかもしれません。

高度成長期後の低成長時代に育った団塊ジュニア世代は、新しい市場をつくったり、既存市場を拡大していくというよりも（IT業界以外）、**拡大しない、成長しない市場の中で、自身のシェアを増やしていくというシェア争いに世代的に強い**傾向があり、テレビという有限な電波の枠の中でのシェア争いで、SMAPが圧倒的な強さを発揮しているのにもうなずけます。

長寿番組の**「SMAP×SMAP」**（フジテレビジョン、関西テレビ放送、1996年〜）が象徴的ですが、彼らはそれまでのアイドル像を打ち壊し、歌だけではなく、ドラマやバラエティなど幅広いジャンルで活躍しています。このあくまでテレビという枠の中において、既存の昭和的価値を打ち破ろうとしている革新性を求める姿勢も、団塊ジュニア世代の特徴のひとつと言えます。

彼らの大ヒット曲の**「世界に一つだけの花」**の歌詞も、自分探しを好む団塊ジュニア世代の気持ちと合致しているように思います。

コギャル文化と『egg』『Cawaii!』『CanCam』

1990年代後半に「コギャル文化」を謳歌したのは団塊ジュニア世代の女子です。

『egg』
創刊号
（1995年9月）

「コギャル文化」とは、当時女子高生の団塊ジュニアの女子が支持したファッションスタイルです。音楽アーティストの安室奈美恵風のメイクをし、ルーズソックスをはき、ポケベルを使って仲間同士で連絡をとり、プリクラに興じる、そんなスタイルが流行しました。

1996年にバーバリーの監修による日本オリジナルブランド「バーバリー・ブルーレーベル」が展開され、安室奈美恵が愛用したこともあり、コギャルの間で大ブレイクし、コギャル文化を紹介するギャル系雑誌『**egg**』（大洋図書・1995年創刊）と『**Cawaii!**』（主婦の友社・1996年創刊）もこのころに創刊されています。

また、高校生向けファッション雑誌『**東京ストリートニュース！**』（学習研究社・1995年創刊）も、団塊ジュニアの象徴的な雑誌です。

「読モ（読者モデル）」という言葉がまだあまり聞かれない時代、**「スーパー高校生」**と呼ばれた素人高校生が誌面で紹介した昭和第一高校のスクールバッグがプレミア化するなど、さまざまなブームを生み出しました。

男子では、80年代後半から90年代前半には、それまでのヤンキーや暴走族よりもファッショナブルで、渋谷のセンター街を中心に生息した**「チーマー」**も出てきます。SMAPの木村さんは、ご自分のことを「チーマー派だった」と公言しています。

また20代になったあたりには、女性誌『**CanCam**』が大ブームとなります。

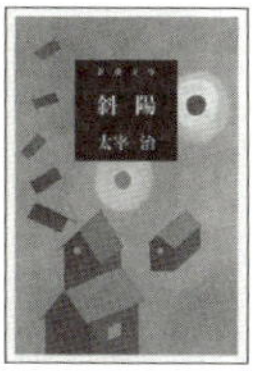
『斜陽』（1947年）

蛯原友里、山田優、押切もえが誌面を飾り、部数を押し上げました。とくにエビちゃんこと蛯原友里さんの人気は圧倒的で、彼女が雑誌で身につけた洋服や雑貨が発売翌日から飛ぶように売れるという社会現象も起きました。

人口が多かったこともあり、団塊ジュニア世代はこのように青春期においても消費の中心プレーヤーとして過ごしてきました。

成人期・中年期の「裏切られた感」と「被害者意識」

幼少期から消費の中心にいて、青年期には若者文化をつくり出し、まるで三代将軍家光のように育ってきた団塊ジュニア世代ですが、就職活動時期を境に、没落貴族を描いた太宰治**『斜陽』**（新潮文庫）のような人生に陥ってしまう人がたくさん出てくることは、これまでお話ししたとおりです。

結果、**世の中に対して「裏切られた感」「被害者意識」「憤り」を強くもつ中年になった団塊ジュニア世代**がいま数多くいます。

そして、その怒りの矛先はしばしば大企業などの権威や上の世代に向けられます。**「反中・反韓」**（中国・韓国に対する反感的な意識）の人たちや**「ネット右翼」**（ネット上で右翼的な言動をする人たち）もこの団塊ジュニア世代に多いといわれています。団塊世代の中で学生運動をする人が出たのに対し、団塊ジュニア世代の中ではネットを中心

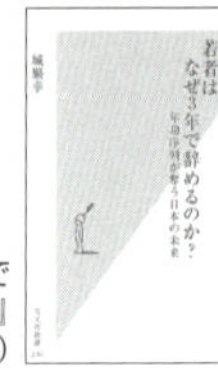
『若者はなぜ3年で辞めるのか？』（2006年）

に、ある種の政治運動をする人も出てきました。

『若者はなぜ3年で辞めるのか？』（光文社新書）がベストセラーになった城繁幸さん（1973年生まれ）は、東大法学部に入り、ある一流メーカーに就職しますが、彼曰く、成果主義とは名ばかりで、年功序列制度はなくならず、やる気と才能と明確なキャリアビジョンがあっても、若手の給料は上がらない、昇給できない人も多いという「昭和的価値観」に違和感を覚え、会社を飛び出して日本企業を取り巻く人事制度批判を始めます。

メディアジャーナリストの津田大介さん（1973年生まれ）は、テレビや新聞などいわゆるマス媒体ではなく、**「新しいメディアをつくりたい」**を口癖としていて、ツイッターやメルマガなどの自分たち世代のメディアで世の中を変えたいと日々活動しています。**「2ちゃんねる」**や**「ニコニコ動画」**をつくった西村博之さん（1976年生まれ）も、新しいメディアへの思いを強くもっています。

太宰治の『斜陽』には、こんな文章が出てきます。

犠牲者。道徳の過渡期《かとき》の犠牲者。あなたも、私も、きっとそれなのでございましょう。

革命は、いったい、どこで行われているのでしょう。すくなくとも、私たちの身のまわりに於《お》いては、古い道徳はやっぱりそのまま、みじんも変らず、私たちの行く手をさえぎっています。海の表面の波は何やら騒いでいても、その底の海水は、革命どころか、みじろぎもせず、狸寝《たぬきね》入《い》りで寝そべっているんですもの。けれども私は、これまでの第一回戦では、古い道徳をわずかながら押しのけ得たと思っています。そうして、こんどは、生れる子と共に、第二回戦、第三回戦をたたかうつもりでいるのです。

こいしいひとの子を生み、育てる事が、私の道徳革命の完成なのでございます。

貴族の息女である主人公のかず子は、日本の古い道徳に反発し、自分を道徳の過渡期の犠牲者と認識し、私生児を生んで育てるという革命を起こそうと試みます。

まさに「昭和的なもの」に反発して革命を起こそうとする、一部の行動派の団塊ジュニア世代に似ているのではないでしょうか。**団塊ジュニア世代は現代における「斜陽族」**といえるかもしれません。

「カツマー」女子の登場

こうした団塊ジュニア世代の「憤り派」に対し、世の中自体と戦うのではなく、資格をとり、自分に付加価値をつけることで、なかなか変わらない昭和的価値観に順応

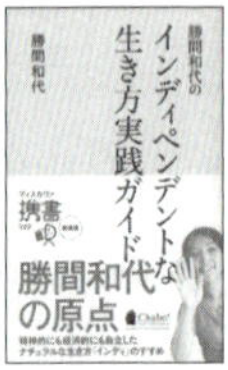

勝間和代
『勝間和代のインディペンデントな
生き方実践ガイド』
（ディスカヴァー・トゥエンティワン・2008年）

しようとする団塊ジュニア世代も出てきました。

彼女たちは、「資格をとって年収６００万円をめざせ」と説く勝間和代さんに憧れるいわゆる**「カツマー」女子**と呼ばれました。週末に同志の「カツマー」女子たちと集まり、勝間さんの本の読書会を行い、暇があれば資格の勉強をし、少しでも自分の年収をアップさせるべくがんばる人が出てきました。

後述するように団塊ジュニア世代の女性は、短大も含めた大学進学率が男子よりも高いはじめての世代なのですが、いざ就職のときにいきなり氷河期になり、その煽りを男子よりも強く受けた人たちです。

彼女たちの非正規労働者の率は、同世代の男性のそれよりも圧倒的に高く、かつその後、年々上昇していくことになります。２００１年には25～34歳の男性の非正規雇用の比率は７・３％（１９９０年は３・２％）でしたが、女性の場合、34・７％（１９９０年は28・１％）と約５倍になっています。

男性に追いつけ追い越せの時代の空気の中で育ち、せっかく男性よりも学を身につけたのに、非正規労働者になった女性が多かったこともあり、「カツマー」女子が団塊ジュニア世代の女性にたくさん出てきたのは非常にわかりやすい構造だと思います。

「封建性」と「革新性」

団塊世代は、安定した終身雇用・正社員・年功序列制度のレールの上において、非常に上昇志向をもった世代ですが、団塊ジュニア世代は**「日本企業が弱っていた」という時代背景**や、**「自分たちは報われなかった」という怒り**もあり、前述したように、「アンチ大企業」を原動力にする人がいます。

しかし、**じつは団塊世代も団塊ジュニア世代も、本質的には似ている点**があります。

本書共著者の阪本が指摘するように、団塊世代の特徴は**「革新性と封建性」**です。学生時代は「革新性」をもって学生運動をしていた団塊世代ですが、会社に入るや否やころっと変わり、「封建性」を重視し始めます。

団塊ジュニア世代はこの逆で、日本の最もいい時代を過ごし、就職活動前までは昭和的な「封建性」にも何の疑問も抱かず、真面目に勉強して大学進学率も高めました。ところがバブルがはじけ、おいしい状況が奪われてしまったので、社会に出るころから急に「革新性」をもち始める人たちも出てきました。

プロ野球選手でたとえてみると、わかりやすいかもしれません。

前・楽天イーグルス監督の団塊世代の星野仙一氏（1947年生まれ）は、全共闘による校舎封鎖を解除するため、明治大学野球部でバリケードへ殴り込んだこともあるそうですが、そんなに学生時代は過激だった星野氏も、王・長嶋のいわゆるONがいるプロ野球人気絶頂時にプロ入りしたとたん、プロ野球という封建制の中で、王・長嶋両選手を打ち取ることだけに執念を燃やします。

ところが団塊ジュニア世代のイチロー選手(1973年生まれ)と松井秀喜選手(1974年生まれ)は、プロ野球という封建制の中で優等生として育ちましたが、すでにプロ野球人気が衰え始めていた時代背景もあり、日本のプロ野球を捨て、メジャーへ行ってしまいます。

メジャーといえばバブル世代の野茂英雄選手(1968年生まれ)の名前がまず思い浮かびますが、彼の場合、必ずしもメジャーに行きたいからという理由だけではなく、球団と喧嘩をしたことが大きなきっかけだったといわれています。

そう考えると、純粋に革新性を求めてメジャーに行ったイチロー選手と松井選手の状況は、いかにも団塊ジュニア世代的なエピソードだと思います。

安定した経済状況の中、企業内で上をめざした団塊世代と、不安定な経済状況の中、既得権益をもっている側と戦う団塊ジュニア世代――。

基本的には同じタイプの人たちが、時代によって置かれた状況が違っただけかもしれません。人口が多く、結果、競争慣れをしてしまうと、どうしても戦闘能力が高くなってしまうのでしょうか。

勝ち組の象徴は「ホリエモン」!?

団塊ジュニア世代から同世代間格差が広がり、「勝ち組」と「負け組」がはっきり分かれるようになりましたが、団塊ジュニア世代の中には、ごく一部ではあるものの、若いうちから**「超勝ち組」**も生まれました。とくにIT分野は、彼らが働き始めた当時は、まだ新しい業界ということもあり、若いIT長者がたくさん生まれました。

六本木ヒルズに住む**「ヒルズ族」**という言葉が流行りましたが、その代表選手は**「ホリエモン」**こと堀江貴文さん（1972年生まれ）です。

若いうちにあれだけ稼いで、あれだけすぐに世に出たというのは、団塊ジュニア世代の超勝ち組を象徴していると思います。1973年生まれのサイバーエージェント社長の藤田晋さんも団塊ジュニア世代の「ヒルズ族」の象徴です。

団塊ジュニア世代のIT起業家をあらわす**「ナナロク世代」**という言葉もあります。IT起業家には1976年前後生まれの人が多いことを示している言葉です。

ミクシィ創業者の笠原健治さん（1975年生まれ）、グリー創業者の田中良和さん（1977年生まれ）、2ちゃんねる開設者の西村博之さん（1976年生まれ）、チームラボ代表の猪子寿之さん（1977年生まれ）などが該当します。

またIT分野だけでなく金融の分野でも、「超勝ち組」があらわれます。

団塊ジュニア世代の中には、リーマン・ショック前の外資系金融等に就職し、入社数年後に年収数千万円プレーヤー、なかには1億円プレーヤーになった人たちもいました。当時「実感なき景気回復」という言葉がメディアでよく使われていましたが、少なくとも彼らには確実に「実感」があったようです。

4《団塊ジュニア世代》の恋愛・結婚――結婚格差世代

恋愛・結婚❶

キーワードは「未婚」「草食男子」「婚活」「街コン」「三低」

厚生労働省の調査（2010年実施）で、30代男性の非正規労働者の75・6％が未婚という結果が出ました。2004年実施の調査では、30代男性の非正規労働者の45・5％が未婚だったので、なんと6年間で30ポイントも増加したわけです。

一方、30代男性の正規労働者の未婚率は30・7％で、04年調査の時点よりも5ポイント上昇したので、30代男性の非正規労働者（75・6％）との差は、04年調査の時点よりも大きなものとなりました。

雇用形態の格差が主たる原因となり、結婚できる正社員と結婚できない非正規社員

深澤真紀
『草食男子世代』
（光文社知恵の森文庫・2009年）

という**「結婚の格差」**が生み出されたのも、この団塊ジュニア世代から明確になりました。

また、コラムニスト・編集者の深澤真紀さんが団塊ジュニア世代の一部の男子に対して命名した**「草食男子」**という言葉があるように、団塊ジュニア世代の一部の男子の間で、異性に対して積極的にアプローチすることを避ける傾向が出てきたことも、この未婚増加の一因になっているのかもしれません。

お見合い結婚を捨て、恋愛結婚をスタートさせた人が多く出始めたのは団塊世代からでしたが、**結婚を捨て、非婚をスタートさせた（せざるを得なかった）人が多く出始めたのは団塊ジュニア世代の非正規労働者**ということになります。

とはいえ、団塊ジュニア世代の非正規労働者でも、内心では結婚を望んでいる人は多く、それゆえに**「婚活」**という言葉も流行語になり、**「街コン」**という現象もメディアでよく取り上げられるようになっています。

こうした時代の変化を受けて、団塊ジュニア世代の女性たちが求める男性像も、バブル時代の「三高」（高学歴・高身長・高収入）から一転して**「三低」**に変わっていきます。

三低とは、**「低姿勢」「低リスク」「低依存」**のことで、要は「腰が低く（低姿勢）、正社員（低リスク）で、家事分担をしてくれる（低依存）男性」という意味です。

団塊ジュニア世代の女性が結婚相手に求める年収は、「三高」を志向していたバブル世代の女性よりも等身大で現実的になってはいます。とはいうものの、まだ実際の同世代の男性の収入の現実よりも高く、この**女性の男性の収入への高望みも未婚を引き起こしている一因**になっているという指摘も、さまざまなところでされています。

団塊ジュニア世代の女子は「働きマン」と「干物女」

団塊ジュニア世代の女性は、上の世代の女性と大きく特徴が変化しています。

菅野美穂さん（１９７７年生まれ、ポスト団塊ジュニア世代）主演でドラマ化もされた人気マンガ『**働きマン**』（講談社）の主人公の松方弘子は28歳という設定ですが、この連載は２００４年から始まったので、主人公がきちんと年をとっていれば39歳、まさに団塊ジュニア世代です。ただでさえ非正規労働者が多い団塊ジュニア世代の女性の中で、激務の出版社の正社員として、恋愛や余暇やプライベートをかなぐり捨て、血眼になってバリバリ働く女性を描いたマンガで、商社やマスコミ系で働く女性を中心に、「働きマン」さながらに激務をこなす女性がたくさんいます。

２０１１年度の総務省統計局の「労働力調査」によると、30～34歳女性の労働力率（生産年齢に達している人口のうち、労働力として経済活動に参加している者の比率）は67・6％（２００１年時点では58・8％）で、35～39歳女性のそれは67・0％（２００１年時点では62・3％）でした。つまり、**現在30～39歳の女性（団塊ジュニア世代）は、10年前の30**

〜39歳の女性に比べ、30代になっても働く人が大幅に増えていることがわかります。

なぜ団塊ジュニア世代の女性は、「働きマン」のように強く、たくましく、労働意欲が高く、30代になっても働き続ける人が多いのでしょうか。それにはさまざまな理由が考えられます。

まず、先述したように、**団塊ジュニア世代の女性は、「男子よりも高学歴」の人が多いはじめての世代**です。もしかすると、最初で最後の世代といえるかもしれません。

大学進学率を見ると、１９８０年代までは男子が女子を上回っていますが、短大進学者の増加などにより、団塊ジュニア世代が大学に通っていた１９９０年代は、女子が男子を上回っています（なお近年は再度、男子が女子を上回っています）。

男子よりも高学歴な女性が多いので、労働意欲が男子より高い女性が多くても、不思議ではありません。

男女雇用機会均等法が施行されたのが１９８６年で、それから10年近く経ってから団塊ジュニア女子は就職を迎えているので、**男女平等意識が上の世代よりも根づいている世代**ということもできます。当然、男性に経済的に依存する気持ちが少ない女性も、少なくとも上の世代の女性よりは多くなっています。

また現実問題として、**団塊ジュニア世代の男性の雇用や収入が不安定になってきているので、働き続けないといけない女性、働かざるを得ない女性がたくさんいる**ということも理由のひとつになっています。

綾瀬はるかさん（1985年生まれ、さとり世代）主演でドラマ化・映画化された人気マンガ『**ホタルノヒカリ**』（講談社）も、**団塊ジュニア世代のキャリア女性の仕事と恋愛の両立の難しさ**を描いています。

主人公の雨宮蛍は27歳という設定で、この連載も2004年から始まったので、主人公は38歳になっているはずです。彼女もまた団塊ジュニア女性です。

彼女はインテリア事業部に勤めるOLで、会社では仕事のできる「ソツのないOL」ですが、家では3本ストライプ入りのジャージに、ちょんまげ頭でゴロゴロ過ごし、猫と会話をするのが好きな、恋愛を放棄した**「干物女」**です。そんな彼女も、団塊ジュニア女性の象徴のひとりといってもいいかもしれません。

前述した厚生労働省の調査（2010年実施）では、女性は正規雇用の人のほうが非正規雇用の人よりも未婚割合が高く、30代の女性を見ると、正規雇用労働者の未婚率は46・5％で、非正規雇用労働者の未婚率は22・4％でした。

働くようになった、あるいは働かざるを得ない団塊ジュニア世代の女性ですが、その中でもとくに正規雇用の女性は、前述したさまざまな理由によりバリバリ働き、結果、仕事と結婚の両立が難しくなっていて、そういった彼女らの状況をリアルにこれらのマンガは描いているわけです。

5 【団塊ジュニア世代】の消費のツボ――ケチならうえにバラバラな消費行動

消費のツボ❶

団塊ジュニア世代はケチ!?

バブル世代まではうってかわり、団塊ジュニア世代の消費行動は大変見えにくくなっています。なぜ団塊ジュニア世代の消費の特徴は見えにくいのでしょうか。それには、いくつかの理由があります。

まず**団塊ジュニア世代は世代的に豊かに育ってきたので、貧しく育った上の世代の人間と比べると、そもそも消費に対してガツガツした気持ちが少ない**のです。

「お金持ちはケチだ」という言葉もありますが、**上の世代に比べて裕福に育った団塊ジュニア世代はベースとしてケチ**であり、江戸っ子のように「宵越しの金はもたない」なんて決していわない**堅実な人たち**なのです。

加えて、団塊ジュニア世代が、ようやく自分のお金で消費できる社会人ステージに入る直前に、バブルが崩壊してしまいました。

雇用も給料も不安定な状況に急遽立たされた人が多いので、何も考えずに浪費をしてしまうと、親から与えてもらった豊かな生活レベルから転がり落ちてしまう危険性が出てきてしまったわけで、彼らが豪快な消費を行わないのはごく自然なことかもしれません。

同世代の中で格差が開き、消費行動もバラバラに

団塊世代の多くは正社員で、皆、年齢が上がるにつれ、同じようなタイミングで給料も上昇したため、同じライフステージで同じようなモノに憧れ、同じような消費行動をとることができました。つまり企業側も、団塊世代を一括《くく》りの塊《かたまり》としてとらえ、マーケティング戦略を練ることができたわけです。

ところが団塊ジュニア世代は同世代の中での経済格差が非常に大きく、超勝ち組もいれば、正社員も非正規社員もフリーターもニートも混在しています。マーケティング的観点から見れば、世代として一括りにすることが難しくなっているのです。

また、同世代の中の雇用や収入の格差だけではなく、団塊ジュニア世代のライフステージは、人によってバラバラになってきています。既婚子持ちもいれば、既婚子なし（DINKS）も、未婚者もいます。既婚者の結婚年齢もバラバラです。

つまり、同じような年齢で結婚して子どもを生んでいた団塊世代とは違い、**団塊ジュニア世代のライフコースはバラバラ**なので、企業としても「そろそろ団塊ジュニアは30代に入ったので、ママさん向けの商品を売ろうかな」などと安易に考えることがで

きなくなっているのです。ちなみに2011年の厚生労働省の発表によると、第1子出産時の母の平均年齢は30・1歳で、前年より0・2歳上昇し、はじめて30歳を超えたそうです。

つまり、団塊ジュニア世代の生き方は、比較的画一的だった団塊世代とは違って多様化していて、同じタイミングで画一的なマーケティングを仕掛けることができません。簡単にいえば、**「いま買う人」「あとで買う人」「ずっと買わない人」**に消費者として分化してしまっているのです。

消費のツボ❸
「明確なコンセプト」と「価格妥当性」でつかめ

団塊ジュニア世代の象徴的なブランドは「無印良品」だといわれることがあります。

もちろん、団塊ジュニア世代だって海外高級ブランド品を消費しますし、ほかの世代だって無印良品を消費します。しかし、「無印良品」というブランドについて分析をしていくと、団塊ジュニア世代を読み解く重要なエッセンスが詰まっていることがわかります。

「無印良品」は、1980年に西友のプライベートブランドとしてスタートしました。無印良品が生まれた年を考えると、まさに無印良品自身が団塊ジュニアそのものといえるかもしれません。

「無印良品」が団塊ジュニア世代の象徴といわれる理由は、**「流行が反映された商品＝良いモノ」「高いモノ＝良いモノ」という昭和的価値観に対するアンチテーゼから生まれた**という点が、団塊ジュニア世代の消費感覚にぴったりであること。そして、商品選択の前提となる品質やセンスが悪くなく、「ケチ」な団塊ジュニア世代にとって大切な価値観である、**価格妥当性がある**という点などがあげられると思います。

「無印良品」と同時に、**団塊ジュニア世代の消費特性をとらえた象徴的な商品としてあげられるのは、電動アシスト自転車**です。

電動アシスト自転車は１９９３年、ヤマハ発動機が世界ではじめて発売してから、２０１１年まで市場が約12倍に拡大しました。

電動アシスト自転車 PAS（ヤマハ発動機）

２０１０年には電動アシスト自転車の国内出荷台数がバイクをはじめて上回り、２０１１年もバイクの40万５５３３台に対し、42万９５６９台と差を広げました。

メーカー各社は、発売当初は高齢者の利用を想定していたようですが、最大のコアユーザーは30代、40代の子育てママ、つまり団塊ジュニア世代のママとなっています。

電動アシスト自転車は発売以来、それほど値崩れしていない高額商品です。「環境」という新しいコンセプトも加わり、団塊ジュニア世代のママに支持されています。

「無印良品」や「電動アシスト自転車」など、団塊ジュニア世代に支持されている商品を分析してみると、団塊ジュニア世代攻略のポイントが見えてくると思います。

つまり、**団塊ジュニア世代は基本的には「ケチ」ではありますが、少なくとも思春期までは消費が染み付いて育ってきた人たち**なので、コンセプトと価格妥当性が明確に打ち出されていれば、きちんと消費してくれる人たちであるということです。

無印良品を最初に支持した団塊母と団塊ジュニア娘の仲が良いということも、団塊ジュニア娘が無印良品を支持しやすい原因としてあげられるかもしれません。

消費のツボ ❹

「母娘消費」

前述したように、団塊母と団塊ジュニア娘の母娘仲は、それまでの世代に比べると相対的に、大変良好なものになっています。

マーケティングの世界でも、この10年以上、**「友達親子」**という言葉が、主に団塊母と団塊ジュニア娘の関係を指して非常に頻繁に使われてきました。

これと同時に、仲のいい母と娘を一緒に消費させようという試みの**「母娘消費」**というキーワードもマーケティング業界ではずっと使われてきました。

たとえば2005年からファーストリテイリングの連結子会社となった、1995

[図表5>3] 海外旅行の同行者の内訳

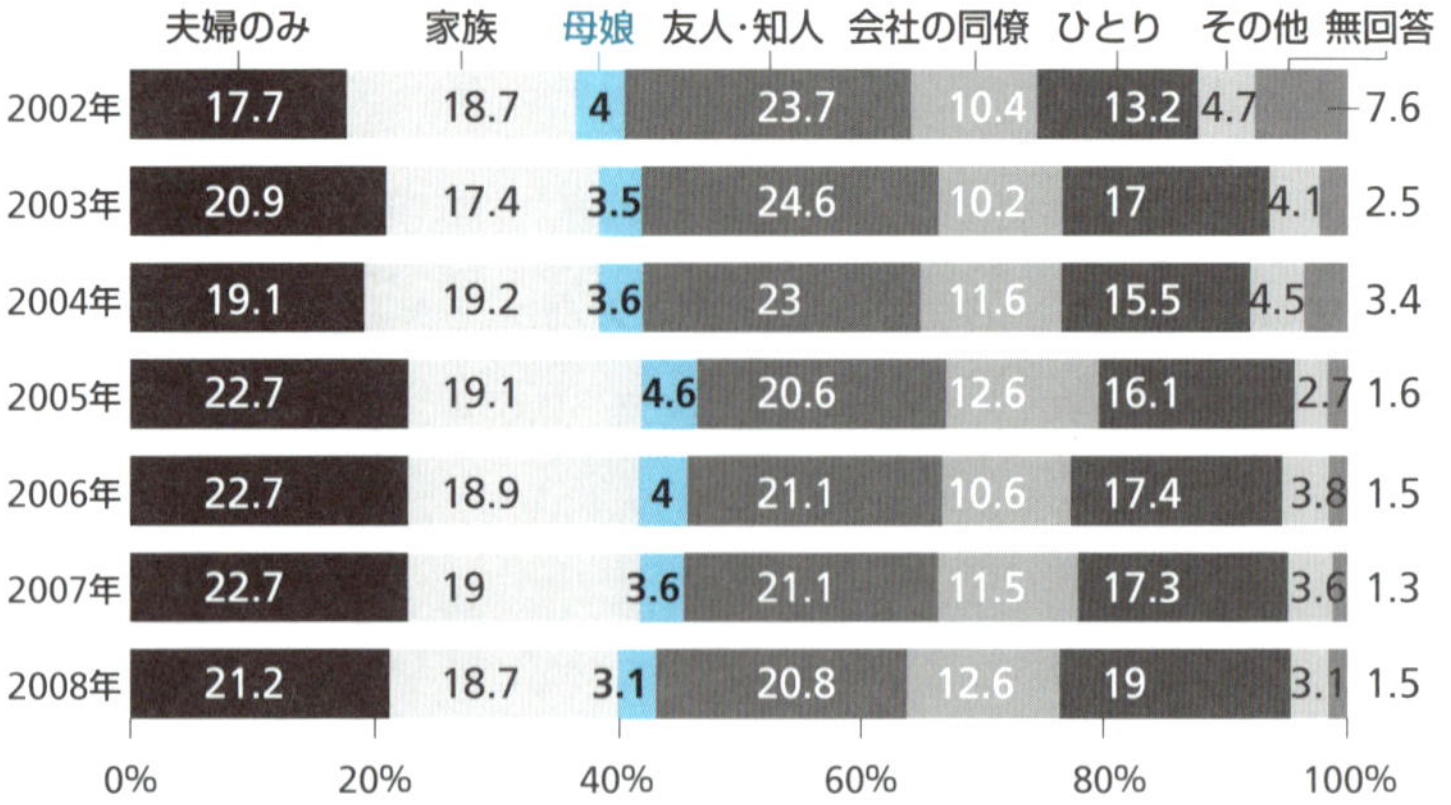

出典：（株）ツーリズム・マーケティング研究所（JTM）「海外旅行実態調査」（出所：JTB REPORT 2009）

▶母娘旅行は堅調に推移している

年にパリと南仏トゥールーズのブティックから出発した「コントワー・デ・コトニエ」は、「母と娘の親密さ」をブランドコンセプトとし、1997年からオーディションで選んだ本物の母と娘を広告に起用しています。ボリュームゾーンである団塊母と、同じくボリュームゾーンである団塊ジュニア娘を別々に狙うのではなく、一緒に狙ってしまおうという戦略です。

ほかにも、積水ハウスが「成長した息子や娘と両親が豊かに暮らす幸福な家づくりのヒケツ!!」というコンセプトで、成長した子どもと親が互いに自立した生活を送るための住まいを提案しています。友達親子なので、ほかにも団塊母と団塊ジュニア娘の旅行も堅調に推移しており、ここを狙ったツアー旅行も増えています［**図表5>3**］。

このように、**団塊母と団塊ジュニア娘を狙っ**

たマーケティングはすでにたくさん行われてきてはいますが、やはり団塊ジュニア世代の女性をつかむための有効な手法のひとつということができると思います。

「イクメン」と「3世代消費」

先ほど団塊ジュニア世代の男性は、正規労働者であれば7割が結婚していて、非正規労働者であれば8割近くが未婚だというデータを紹介しました。

既婚者と未婚者に対し、同一のマーケティングを行うのはなかなか難しいので、まずは男性既婚者について考えてみましょう。

団塊ジュニア世代の正社員は既婚者が多いので、子育てステージに突入した人がたくさんいます。正社員とはいえ雇用も収入も不安定にはなってきているので、昔以上に個人的な消費はほとんどすることができません。

いまは男性の育児参加が当たり前に求められる時代になってきています。その時流とともにパパステージに突入したのが、まさに団塊ジュニア世代の男性です。

育児するパパをあらわした**「イクメン」**という言葉は、ユーキャン新語・流行語大賞で2010年のトップテンに入って、タレントで4児の父として産休をとった団塊ジュニア世代のつるの剛士さん（1975年生まれ）が受賞者となっています。

こうした流れも受け、**個人的な消費は抑えるものの、子どもにはお金をかけるとい**

[図表5>4] 親世代との住まいの距離

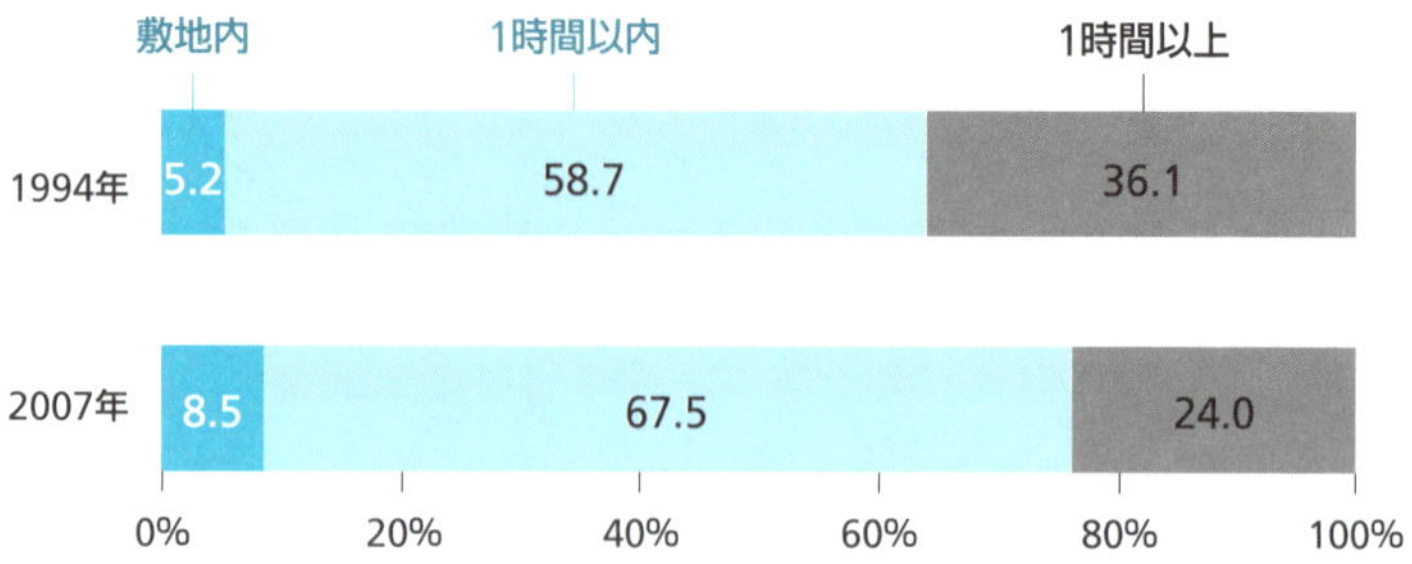

出典：内閣府「国民生活選好度調査（1994年、2007年）」により作成（出所：「平成19年版国民生活白書」）

▶敷地内別居、近居が増える傾向にある

った、主に正社員の団塊ジュニアファミリーが増加しています。また、彼ら自身は収入的に厳しくなっているものの、経済的に安定した時代を過ごした団塊世代という親が、彼らの背後に存在していることも、子どもへの出費を促す要因となっています。

団塊ジュニア世代のファミリー層は、親と別居はするものの、**「近居」**する人が増えてきています［**図表5＞4**］。昔のような「同居」という深い関係は減りつつあり、「姑と嫁」問題も少なくなってきていますが、「近居」することで、互いのプライバシーを保ちながら、相互扶助を行うようになっているのです。

団塊親は、近居する孫のために消費をします。少子化と長引いた不況の影響で、子ども服・用品や玩具・娯楽関連全体の市場は縮小し、子ども向け商品は厳しい状況にあります。一方、

[図表5>5] ベビー・こども市場分野別市場規模※の推計と予測

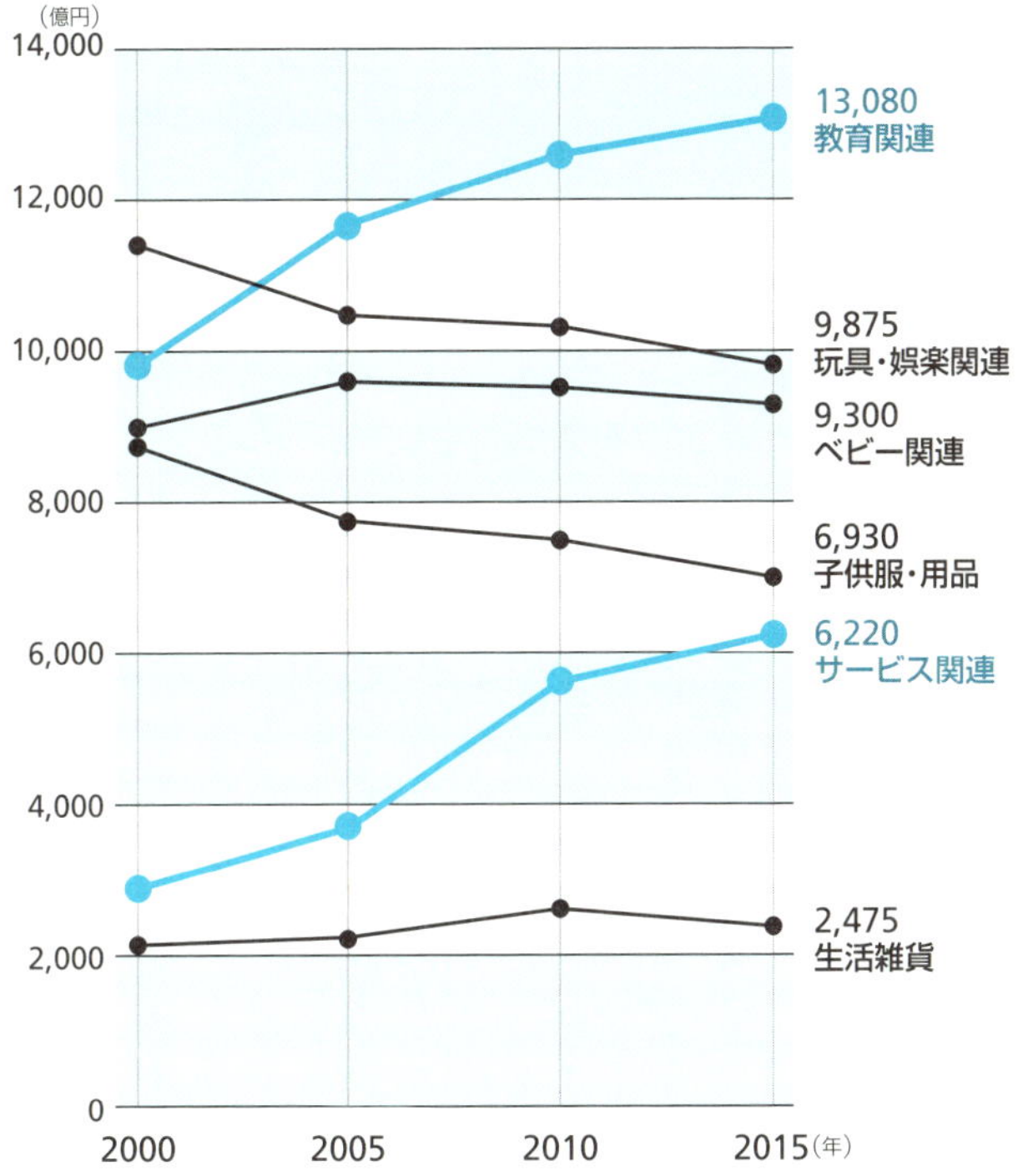

※6分野52商品・サービスに関して
出典:「こども市場総覧2009」ボイス情報株式会社より作成

▶拡大分野と縮小分野の明暗が分かれている

子どもの将来を考えて幼少時から英会話教室や学習塾へ通わせるなど、子ども市場でも教育関連市場は今後も拡大が予想されています［**図表5－5**］。

つまり、団塊の祖父母、団塊ジュニアの親からのお金が、団塊ジュニアの子どもに今後ますます回るようになる可能性は高く、これを**「3世代消費」**と命名しようと思います。

「趣味人おっさん」の増加

一方で、団塊ジュニア男性の未婚者は主に非正規雇用者が多く、中年でありながら経済的に厳しい状況に置かれています。彼らの中には、中年になっても親と同居している人が多くいます。

いかに経済的に厳しい場合でも、家賃は払わなくていい状況にあり、収入が厳しくても収入の多くを自分自身だけのために使える人が過去よりも増えているということです。これは女性についても同様のことがいえます。

かつてであれば、30代といえばファミリーステージに入り、個人の趣味にかける消費が著しく縮小するのが通常でしたが、いまでは**「趣味人おじさん・おばさん」**がたくさん存在する世の中になっているのです。

消費という観点でいえば、中年になっても、AKBの握手会に行ったところで、あるいはガンダムのフィギュアを買ったところで、家族から非難されずに済む人たちが

[図表5>6] 男女・年齢階層別・持ち家共同住宅の割合（単身世帯）

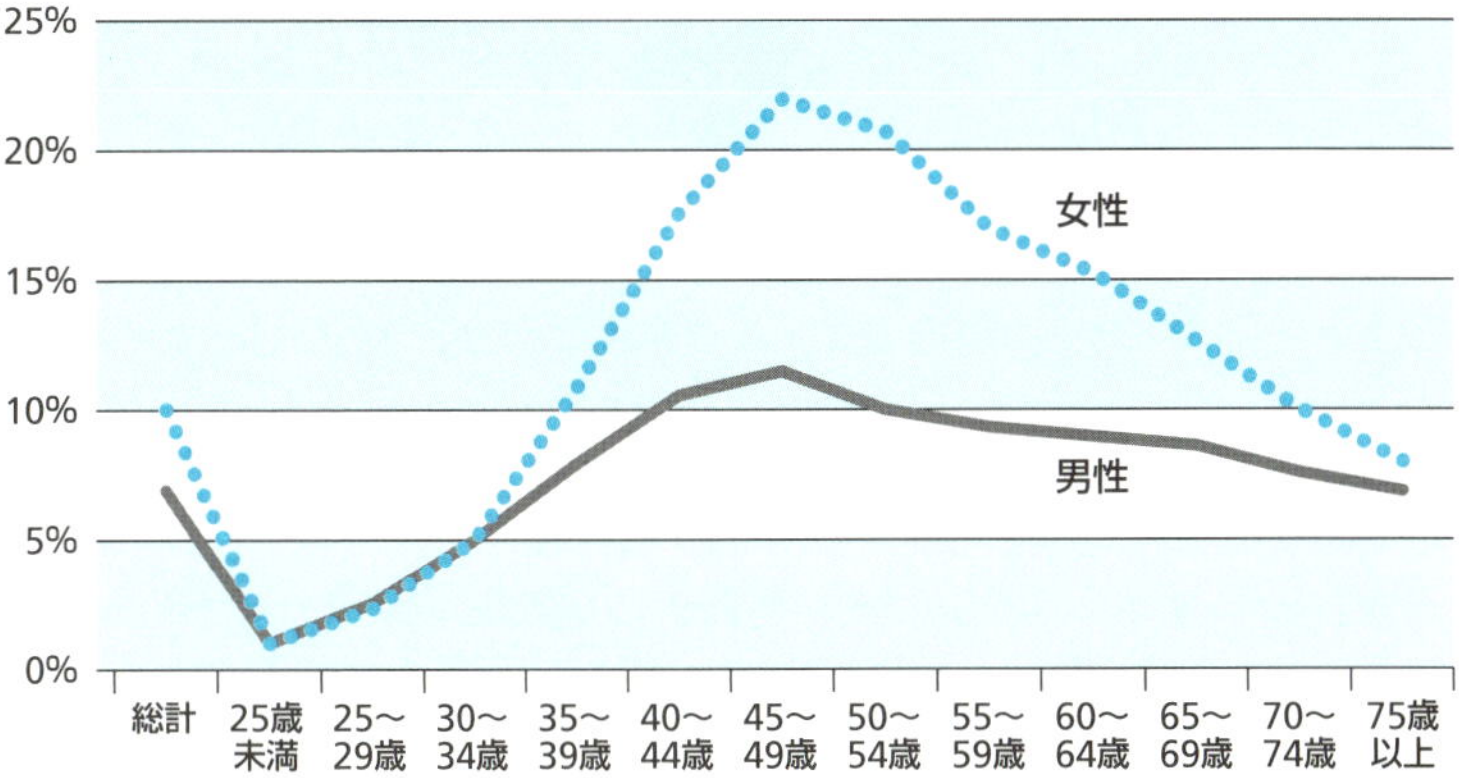

出典：内閣府「国民生活選好度調査（1994年、2007年）」より作成（出所：「平成19年版国民生活白書」）

増えているのです。

［図表5>6］を見ればわかるように、単身女性で30代後半からマンション購入者が増えていることもわかります。

また前述しましたが、さとり世代の海外留学は減っているものの、団塊ジュニア世代の留学者は増えています。

男女ともに団塊ジュニア世代は、独身の人口ボリュームがかなりの割合であり、かつ、自分のための消費力をもつようになっているので、**彼らの趣味嗜好・願望を反映した商品が求められる**ようになっています。

参考

子どものころのヒーロー

キャプテン翼／北斗の拳／ドラゴンボール／新世紀エヴァンゲリオン（青春期）

有名人

【狭義の団塊ジュニア】（1971～1974年生まれ）

木村拓哉／中居正広／稲垣吾郎／草彅剛／山口達也／国分太一／矢部浩之／有田哲平／萩原聖人／千原ジュニア／田村亮／田村淳／浅野忠信／イチロー／松井秀喜／前田智徳／新庄剛志／若乃花勝／貴乃花光司／堀江貴文／藤田晋／安住紳一郎

川原亜矢子／平子理沙／千秋／高橋尚子／松嶋菜々子／大貫亜美／小渕優子／青木さやか（順不同）

【真性団塊ジュニア／ポスト団塊ジュニア】（1975～1982年生まれ）

中田英寿／松岡昌宏／長瀬智也／森田剛／三宅健／岡田准一／櫻井翔／大野智／相葉雅紀／北川悠仁／コブクロ／氷川きよし／笠原健治／田中良和／西村博之／香取慎吾

小雪／菅野美穂／安室奈美恵／浜崎あゆみ／椎名林檎／滝川クリステル／吉村由美（順不同）

人口が多く競争に強いのが特徴

団塊ジュニア世代では、縮小するパイの中での競争に強かったSMAP、これまでの既得権益を否定してITという新たなフロンティアをめざしたホリエモン、サイバーエージェントの藤田晋、それまでの選手と違ってメジャー行きをあっさり決意した松井秀喜とイチロー、自分探しをする中田英寿などが代表的です。ほかにも、人口が多く競争に強い特徴があるので、長い間人気を保ち続けているTOKIOのメンバー、ナインティナインの矢部浩之、くりぃむしちゅーの有田哲平、ロンドンブーツ1号2号、いまだに若者のカリスマである安室奈美恵、浜崎あゆみなどもいます。

第6章

さとり世代

「私」の連携と同調、「消費離れ」へ

【原田曜平】

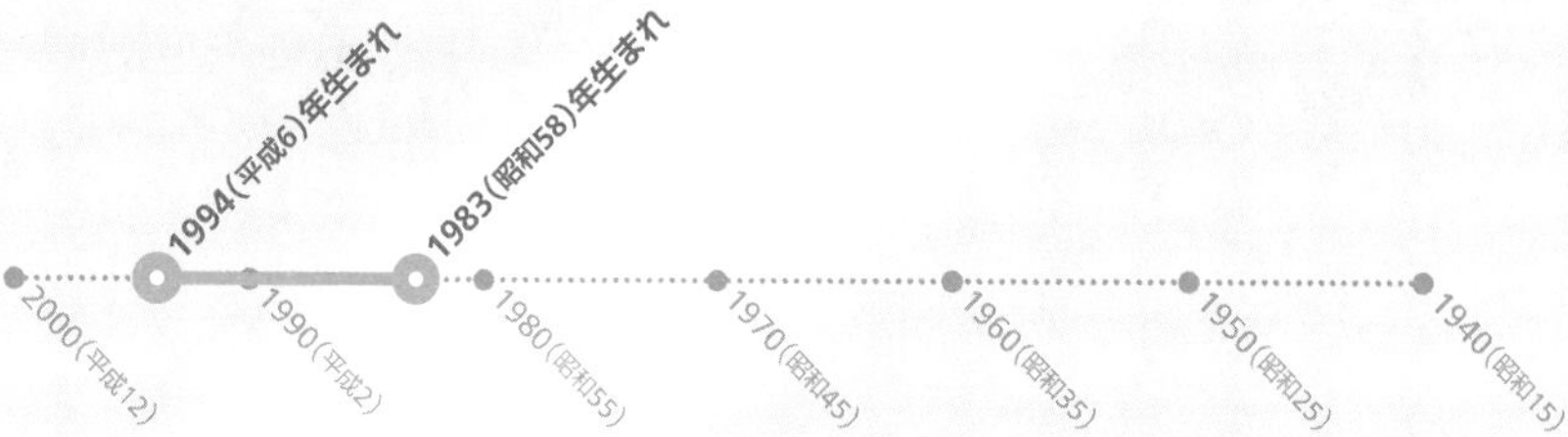

区分

この本では1983～1994（昭和58～平成6）年生まれの人たちを、幅広く「さとり世代」と呼ぶことにしています。現在の20代前半から30代前半に相当する世代です。この世代で象徴的にいわれる「モノを買わない」「旅に出ない」「酒を飲まない」「恋愛に淡泊」など、「結果をさとり、高望みせず、無理な行動をしない」といった特徴を言いあらわしている言葉です。主に、新人類世代・バブル世代の子どもたちに当たります。

「さとり世代」という言葉が生まれたのは、2010年1月、ネット掲示板の2ちゃんねるで、元日経新聞記者の故・山岡拓氏の著作『欲しがらない若者たち』（日経プレミアシリーズ）を語るスレッド上でした。いまの若者は、車に乗らない、ブランド服も欲しくない、スポーツしない、酒は飲まない、旅行しない、恋愛には淡泊だ、と指摘するこの本に対し、あるひとり（おそらく若者自身）が、「さとり世代」と書き込むと、「いい言葉!」「面白いフレーズ」といったリアクションでスレッドが埋め尽くされ、この言葉が拡散していきました。2013年、拙著『さとり世代　盗んだバイクで走り出さない若者たち』（角川oneテーマ21）という本も大きな話題を呼び、2013年のユーキャン新語・流行語大賞の候補語50語にノミネートされることになりました。

1【さとり世代】の時代背景

時代背景❶

「少子化」で競争が少ない

さとり世代の時代背景のひとつめは、「少子化世代である」ということです。日本の出生率は、厳密な意味での団塊ジュニア世代（1971〜74年生まれ）以降、多少ジグザグしながらも、基本的には減少を続けていますが、そもそも少子化が世間的に表面化したのは**「1・57ショック」**からでした。

「1・57ショック」は「平成22年版　子ども・子育て白書」の中で使用された言葉で、1990年時点の合計特殊出生率が1・57を記録し、これが丙午による出生率減によって合計特殊出生率が1・58だった1966年よりも低かったので、世の中に大きな衝撃を与えたという出来事です。この1990年といえば、この本でいうところの「さとり世代」に該当する人たちが生まれた年です。

この1・57ショックの1990年生まれの人口は約120万人で、厳密な意味での団塊ジュニア世代（1971〜74年生まれ）が、毎年200万人以上生まれていたことを考えると、人口が約半減していることがわかります。

ゆとり教育調査の発表風景
（2013年、朝日新聞フォトアーカイブ）

人口が著しく減ったということは、競争が少なかった世代ということができます。

ゆとり教育だから競争をさせられなかったという面もありますが、それ以上に、そもそも世代的にまわりの競合相手が少なく、仮に競争したくても、上の世代に比べると激しく競争することはできなかったという側面のほうがより大きいと思います。

民主党政権の田中真紀子文部科学大臣のときに、大学の新規設立を認めるか否かで大きな社会的議論が巻き起こりましたが、あのときの議論にもあったように、少子化が進む中でも日本の大学数は増え続けてきたので、大学同士による生徒の取り合いという競争は激化する一方、生徒たちにとっての受験競争は大幅に減っていきました。

大学進学率は２００５年に50％を超え、加えて推薦入試・ＡＯ入試の合格者の比率が高まっていることもあり（２０１１年度の大学全体の入学者の入試別比率を見ると、一般入試が55・７％で、推薦入試が35・１％、ＡＯ入試が８・７％で、推薦とＡＯ入試の合計は４割以上。とくに私立大学では、推薦・ＡＯ入試による入学者数が全体の過半数以上の51・１％を占める）、世代人口の減少と大学数の増加に加え、大学進学率の上昇、受験の簡易化という観点から見ても、**「さとり世代」は、競争が著しく少なくなった世代**だということができます。

『希望格差社会』
（2004年）

物心ついたときから「不景気」だった

さとり世代の時代背景として**「不景気しか知らない」**ということもあります。

バブル崩壊後の１９９０年代以降の低迷した日本経済をあらわす「失われた20年」という言葉がありますが、さとり世代は人生のほとんど、あるいはすべてをこの時期に過ごしてきました。

彼らにとってバブル経済というのは、歴史の教科書で学んだもの、親から昔話として聞いたもの、あるいは**『バブルへGO!!　タイムマシーンはドラム式』**などの映画から知ったもので、第二次世界大戦と同じくらいリアリティのないものなのです。

小さいころから「隣のクラスの○○ちゃんのお父さん、リストラにあったんだって～」「勉強していい大学に入って、大きな会社に入っても、会社って潰れちゃうんだって～」などという暗い噂話が飛び交う中、彼らは育ってきました。

彼らが生まれて以降、世界における日本の存在感も薄くなり続けていったので、彼らは「ジャパン・アズ・ナンバーワン」「ジャパン・バッシング」といわれた時代などは知りません。むしろ、**「ジャパン・ナッシング」「ジャパン・パッシング」**という言葉しか実感がないかもしれません。

また、２００４年には山田昌弘**『希望格差社会』**（筑摩書房）が出版され、２００６

『格差が遺伝する!』（2007年）

年には**「格差社会」**という言葉が、ユーキャン新語・流行語大賞のトップテンにランキングされるなど、**さとり世代は「格差」にリアリティを感じて生きてきました。**

第一次安倍晋三政権時代（2006年9月～2007年9月）には、当時の塩崎恭久官房長官が、**「新しい貧困」**が誕生したと発言して大きな議論を呼びました。

2006年には**「足立区問題」**（朝日新聞の調べによると、公立の小中学校で文房具代や給食費、修学旅行費などの援助を受ける児童・生徒の数が2000～04年度までの4年間に4割近くも増加。市区町村別では東京都足立区が突出しており、1993年度は15・8％だったのが、2000年度に30％台に上昇、2004年度には42・5％に達した）なども取り沙汰され、2007年には三浦展**『格差が遺伝する！　子どもの下流化を防ぐには』**（宝島社新書）という本も出版されています。

東京地区私立大学教職員組合連合の調査データによると、2014年春、地方から首都圏の私立大学・短大に入学した学生の一日あたりの平均生活費は897円で、調査を開始した1986年以降、最低の金額になりました。学生の保護者の平均年収は903万3000円で、最も高かった1993年度から168万7000円減少。そもそも地方から首都圏の私立大学に子どもを入学させることができる親は、ある程度裕福な層が多いと思いますが、その層の家庭でもこれだけ所得が下がっているのです。

月々の仕送り額は、最も多かった1994年度の12万4900円以降、減少傾向が続き、2014年度は8万8500円。仕送りから家賃を除いた生活費は2万6900円で、ピークだった1990年度の7万2700円と比べると、半分以下に落ち込みました。**仕送りが0円という学生も、なんと10%もいる**ようです。

また、**奨学金を受給している大学生も4割**にも上っています。

最近では、「奨学金」という冠のついた、ただのローンも世の中にはびこり、会社に入ってから、普通の利子のついた奨学金（ローン）の返済に苦しむ若手社員の存在も社会問題になっています。

つまり、**さとり世代の学生は、親の経済的疲弊の打撃をもろに浴び、少なくとも10年前、20年前の学生よりも貧しくなっている**のです。

私が接している学生たちも、学業にいそしむどころではなく、ひたすらアルバイトに追われ、日々忙しくしている子たちが数多くいます。奨学金をもらっている子もいますし、なかには学費や生活費などのすべてを自分で稼いでいる子も年々増えている実感があります。

第二次就職氷河期世代

小さいころからずっと親の経済的疲弊の影響を受けてきたさとり世代は、**自身の就職活動時期にも、「失われた20年」の影響をまともに受ける**ことになります。

就活生1万6000人が参加した企業の合同説明会。東京・江東区（2012年、朝日新聞フォトアーカイブ）

第5章で団塊ジュニア世代が就職氷河期世代だと述べましたが、このさとり世代のうち、とくに20代前半（1988～92年生まれ）は**「第二次就職氷河期世代」**です。

厚生労働省および文部科学省の調査によると、2011年春の大学新卒者の就職率（4月1日時点）は91・1％と、調査を始めた1996年以降、「就職氷河期」だった2000年と並んで過去最低になりました。

また、公益財団法人日本生産性本部の「2012年度　新入社員　春の意識調査」によると、就職活動について「東日本大震災による影響はあったか」という問いに対し、「影響あった」という回答が全体で46・6％、とくに女性では57・8％となりました。

慢性的な平成不況、それに突如として加わったリーマン・ショック、東日本大震災と、彼らを取り巻く日本の経済状況と若者の雇用状況はさらに悪化していきました。

この層は、後ほど解説する**「ゆとり世代」というように、一見ただ甘やかされたような世代呼称で呼ばれていますが、生きてきた時代背景は上の世代よりもはるかに厳しいものだった**といえます。

雇用状況もかつての世代に比べると厳しいものになりました。

労働力調査の非正規雇用者比率の推移を見ると、男性の15～24歳では1990年には7・1％だったのが、2000年には19・7％に上昇し、さらに2010年には25・1％にまで上昇します。男性の25～34歳でも、1990年にはたったの3・2％、

『ブラック会社に勤めてるんだが、もう俺は限界かもしれない』（2008年）

時代背景❹

2000年には5・6%だったのが、2010年には14%まで上昇します。

女性の15～24歳では、1990年には11・5%だったのが、2000年に26・4%に上昇、さらに2010年には35・4%に至っています。女性の25～34歳でも、1990年には28%、2000年には31・8%、2010年には41・4%と、年々上昇しています。

また、彼らが就職する時期に、団塊ジュニア世代以上の男女ともに非正規雇用が一気に増え、「ブラック企業」と呼ばれる法令順守がグレイな企業が社会問題化するようになりました。2008年には、黒井勇人**『ブラック会社に勤めてるんだが、もう俺は限界かもしれない』**（新潮社）が出版され、翌2009年には映画化されています。

こうした状況下なので、**彼らはいっそう仕事に過剰な夢や希望がもちにくい状況**になっています。

中学生・高校生のころから「ケータイ」をもち始めた

2010年度の内閣府「青少年のインターネット利用環境実態調査」によると、小学4～6年生の携帯所有率は18・6%、中学生では45・7%、高校生では97・1%でした。

ちょうどこの調査が行われた時点で高校生ぐらいだった人たちが、いまのさとり世代の中心です。つまり、**さとり世代は中学生、高校生から携帯電話をもち始めた日本ではじめての世代**なのです。

中学や高校時代からケータイをもったことによって、彼らの人間関係は大幅に広がっていきました。ケータイには、メールアドレスやソーシャルメディア（SNS。たとえば前略プロフィール、ミクシィ、フェイスブック、ツイッター、LINEなど）のアカウントがあるので、彼らは新しい人と出会うとすぐにそれらを媒介とし、人とつながり始めます。かつ、その人間関係はいったんつながると、意図的に相手を削除しないかぎり、断絶せずにずっとつながり続けます。

違う高校に通っても、または引っ越しをしても、かつての友達と携帯メールやSNSなどでつながっているので、関係が途切れにくい。大げさにいえば**「絶縁宣言」をしなければ、過去の知り合いとは関係が途切れない状況に置かれている**のです。

公益財団法人日本生産性本部の「2012年度 新入社員 春の意識調査」によると、「SNSを利用している」と回答する新入社員は71・0％で、とくに女性の利用率が高かった（86・0％）そうです。

かつては、仲良し3人組が朝から晩までつるむといった状況が一般的な高校生の人間関係だったように思います。しかし彼らは同じクラス・部活のみならず、下の学年や上の学年ともつながり、それればかりか塾の友達やアルバイト先の友達、部活の遠征

『さとり世代』
（2013年）

『近頃の若者は
なぜダメなのか』
（2010年）

先で出会った人など、会った人たちの多くとすぐにケータイを介してつながります。そのため、**かつての世代が中学生、高校生だったときには想像できないほど、人間関係が拡大しています**。

しかも、大人が勝手に想像するほど、若者の広がった人間関係は希薄とはいえず、その人間関係は24時間常時接続で、気の合わない友達や一回会っただけの友達の近況も、ツイッターの書き込みなどから、仮に嫌でもなんとなく耳に入ってきてしまいます。

増大したさまざまなコミュニティや友達からの誘いも増えていて、友達との義務的な付き合い、いわばたくさんの社交行事を余儀なくされる状況下に置かれています。また、出る杭を打ったり、陰口、噂話、デマ等々が彼らのまわりに増えました。たとえば、ある男子生徒が友達の女の子と街を歩いていたところを見た別の人物が、「あいつ、浮気しているよ」などと噂すると、ＳＮＳで出回って本命の彼女に伝わってしまったり、ツイッターでちょっと過激な持論を展開すれば、それが誰かに意図的にリツイートされてみんなに広まってしまったり、2ちゃんねるに個人名がさらされたりもします。

つまり、**ソーシャルメディアの普及による監視社会の中で、さとり世代は生きている**のです。このように彼らの**しがらみの多い広がった息苦しい人間関係**については、詳しくは拙著『**近頃の若者はなぜダメなのか　携帯世代と「新村社会」**』（光文社新書）や『**さとり世代　盗んだバイクで走り出さない若者たち**』（角川ｏｎｅテーマ21）に書いていますので、興味のある方はご覧ください。

時代背景❺

「ゆとり教育」を受ける

さとり世代のうち、とくに20代後半の人たちは、いわゆる**「ゆとり教育」**を受けた世代（1987年4月2日〜2004年4月1日生まれ）でもあります。「ゆとり教育」とは、ご存じのとおり、知識偏重型のそれまでの教育を詰め込み教育だと問題視し、学習時間と内容を減らし、経験重視型のゆとりのある学校生活をめざした教育のことです。

2002年度（高等学校においては2003年度）にゆとり教育が施行されて以降、円周率を「3」で習う、運動会ではみんなで手をつないでゴールするなど、上の世代とは異なる教育方法についてさまざまな論議が生まれましたが、ＰＩＳＡなどの国際学力テストで日本が順位を落としたことをきっかけに、若者の学力低下が強く叫ばれるようになりました。

2005年に当時の中山成彬文部科学大臣が、中央教育審議会に学習指導要領の見直しを要請し、さらに第一次安倍内閣のときに教育再生（「ゆとり教育」の見直し）が行われ、2008年に学習内容を増加させた新学習指導要領が告示されました（いわゆる「脱ゆとり教育」)。結果、小学校では2011年度、中学校では2012年度、高校では2013年度から、新学習指導要領に沿った教育が実施され始めています。

前述したように、人口が大幅に少なくなり競争も少なくなっていった状況に加え、たまたま「ゆとり教育」のタイミングともマッチしたことにより、彼らに対するよくないイメージが醸成され、結果、この世代は社会や上の世代から**「だから、ゆとり世代はダメなんだ」**と揶揄されるようになっていきました。

2 さとり世代の特徴

特徴❶

将来不安「大」で、自殺者「増」なのに、満足度は不思議と「高」

上の世代よりも豊かな時代背景の中で生まれ、成長過程で経済成長をそれなりに感じられてきたものの、自身の就職活動の時期になると一転して不況・就職氷河期になった**団塊ジュニア世代は、「行きは良い良い帰りは恐い」だった**といえます。

それに比べると、**さとり世代は、行きも帰りもずっと悪い時代を過ごしてきたので、経済的に不安定な時代を生きる心の耐性は団塊ジュニア世代よりももっています**。

[図表6>1] さとり世代の生活満足度は高い

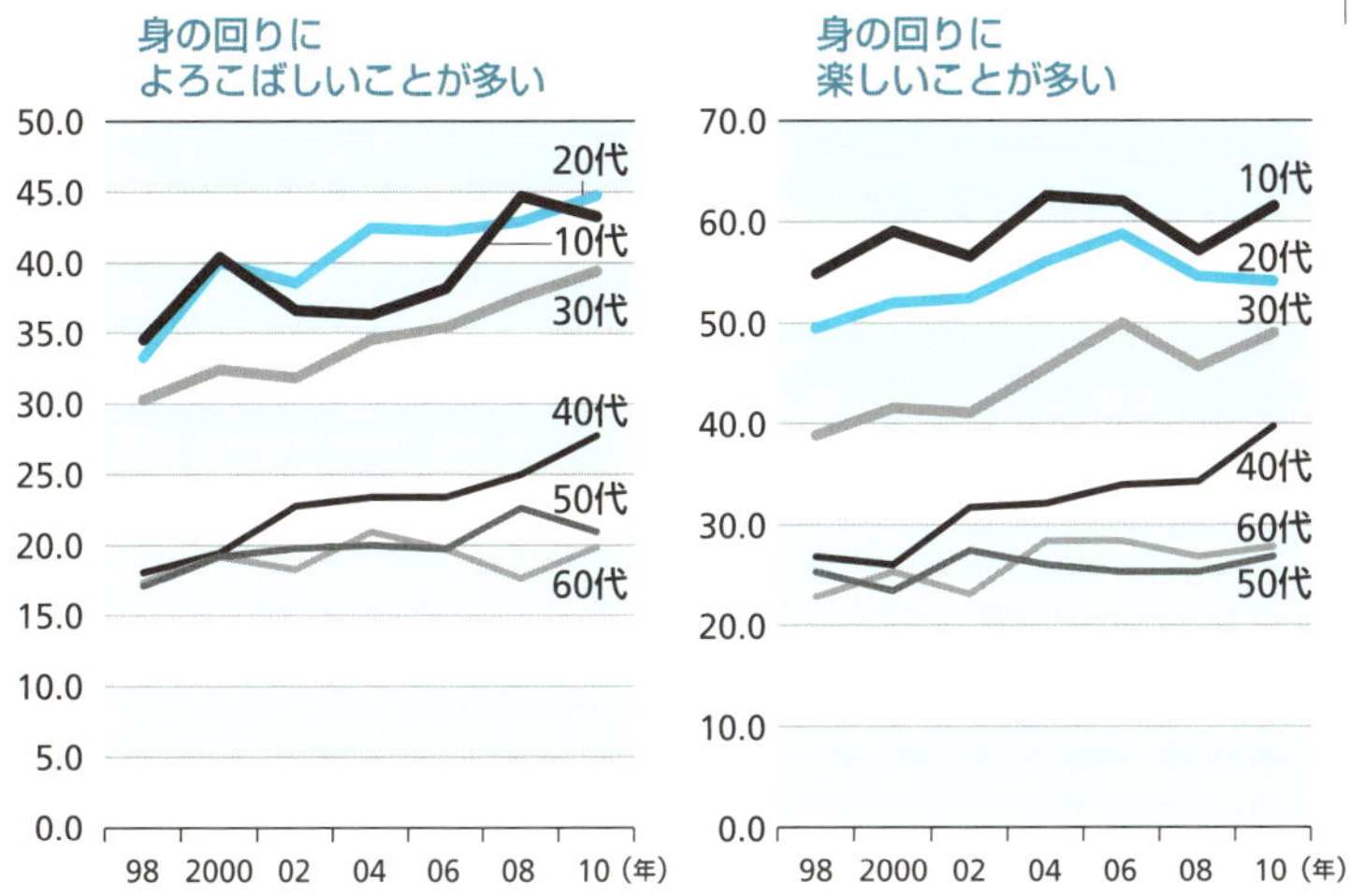

出典：生活定点2010

さとり世代が10代だったときを分析した拙著『**10代のぜんぶ**』（ポプラ社）を書いたころから、私は一貫して、**「さとり世代の満足度は、大人が思っているより、そして大人よりも断然高い」**ということを指摘してきました。

[**図表6>1**]をご覧いただいても、いまの20代の満足度が過去の20代よりも上昇していて、かつ現在を見ても、ほかの年代よりも高いことが見てとれます。

このように、さとり世代の生活満足度は高く、「こんな暗い時代に生きてきて君たちは大変だねえ」と上の世代が共感の態度を示したところで、彼らは「オレらは大変な世代なの？」とキョトンとしてしまうかもしれません。上の世代が思っているよりも、さとり世代は日々楽しく過ごしているのです。

とはいえ、その一方で**さとり世代は将来不安**

[図表6>2] 20代の将来不安は上昇している

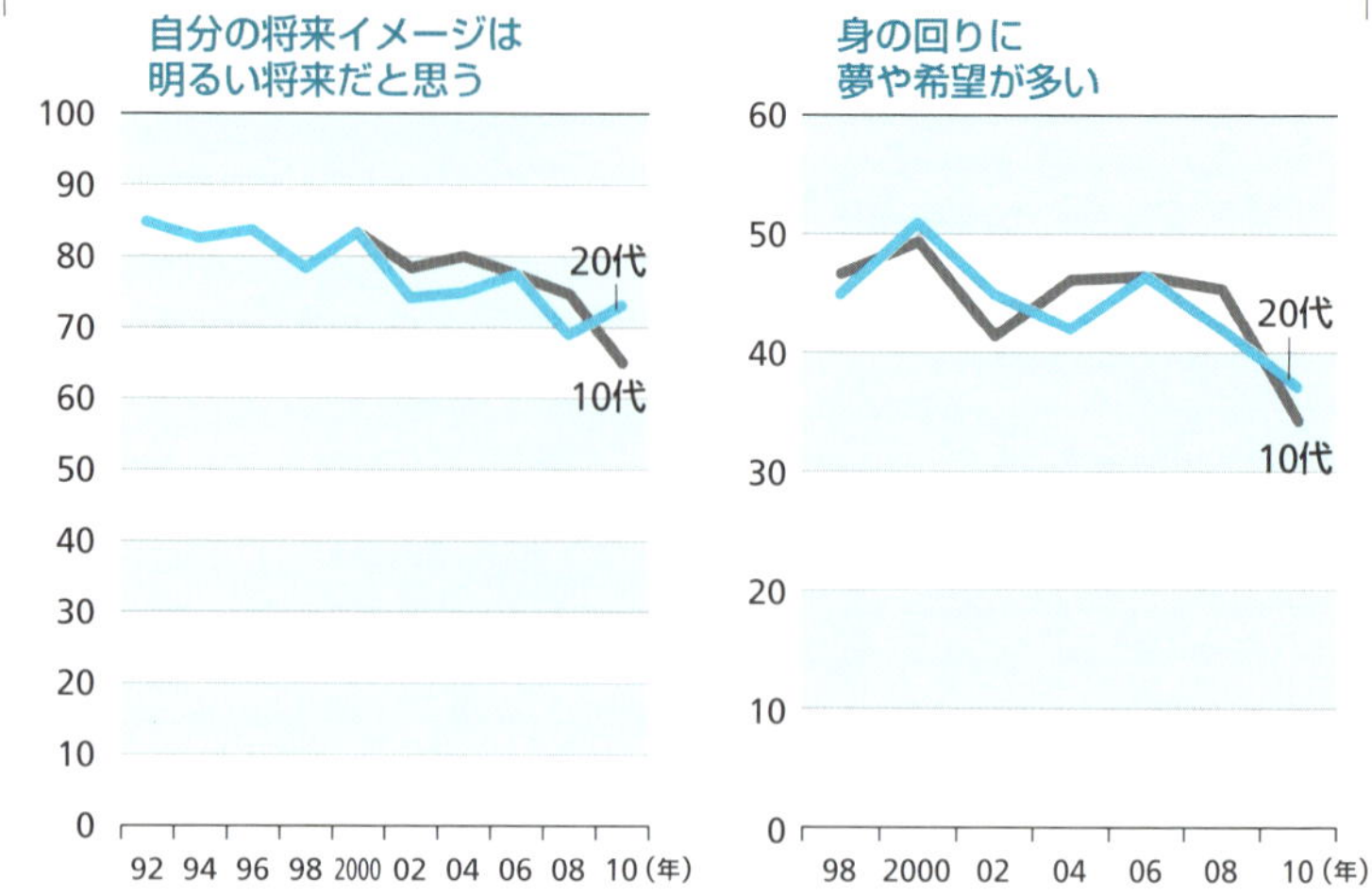

出典：生活定点2010

が高いことも私はずっと指摘してきました。

［図表6>2］のデータを見ても、20代の将来不安が上昇していることがわかります。

やはり、さとり世代は経済的に不安定な時代を過ごしてきたので、上のどの世代よりも不景気慣れしてはいるものの、将来への不安感は拭い去れないのだと思います。

つまり、**彼らの生活への満足度の高さは確固たる満足度とまではいえず、大変脆い**ものかもしれません。事実、大変悲しいことで、国をあげて解決すべき問題だと強く思いますが、若者の自殺者数も増加傾向にあります。

2013年版「自殺対策白書」によると、2012年の自殺者数は前年比2793人減の2万7858人で、1997年以来、15年ぶりに3万人を下回りました。

自殺死亡率（人口10万人あたりの自殺者数）の前

年比は2・2ポイント減の21・8%でしたが、20代の自殺死亡率は増加傾向で、2009年には13・3%だったのが、2011年には24・3%、2012年は22・5%となり、高い水準が維持されています。その原因としては、ブラック企業問題などに代表される**「勤務問題」**や、就職氷河期と関係する**「就職失敗」**などが理由として多くあがるようです。

以前、ある雑誌で対談した竹中平蔵さんが、「いまの若者たちは、未来への期待値を意識的に下げている。期待が低いのだから、ちょっとしたことに喜ぶことができる。だから、若者の満足度が上がってきているのではないか」とおっしゃっていましたが、私もこれに基本的には同意見です。

ただ、意識的に期待値を下げているというよりも、育ってきた時代背景を考えると、**そもそも大きな期待をもてない、もちようがないというのがさとり世代の実態**のように思います。

さとり世代が、明るい未来を描き、将来不安を感じなくなったうえで、高い満足度を感じられるような日本にしていくことが、我々上の世代の責務だと思います。

特徴❷ 超安定志向

さとり世代は不安定な経済下の日本で生まれ育ったので、結果、**超安定志向の価値**

観をもつようになっています。

公益財団法人日本生産性本部の「2012年度　新入社員　春の意識調査」によると、「今の会社に一生勤めようと思っている」とする回答が過去最高（60・1％）を記録しました。ちなみに過去最低だったのは、この本でいう団塊ジュニア世代が新入社員だった2000年で、数値は20・5％でした。

また同調査で「将来への自分のキャリアプランを考えるうえでは、社内で出世するより、自分で起業して独立したい」とする回答が過去最低（12・5％）を記録しました。これも、この本でいう団塊ジュニア世代が新入社員だった2003年が過去最高の30・5％でした。

これらのことから、**さとり世代が登場して、急に安定志向が高まった**ことがわかります。

また、就職氷河期とはいえ、中小企業の中には人手不足のところが多いものの、いまどきの大学生の安定志向からくる大企業志向で、中小企業への就職を望む人が少なく**「雇用のミスマッチ」**が生まれているという現象も、さまざまなレポートで問題視されています。

また、さとり世代の女性の間では、**専業主婦志向**が高まっています［**図表6∨3**］。

これだけ政府が「男女共同参画社会」と叫び続けているにもかかわらず、団塊ジュニア世代以降の若者の非正規雇用の比率の上昇、とくに女性の比率上昇が、さとり世代の女性の労働意欲を削ぎ、**「がんばって就活して働いても、どうせ報われそうにないから、それだったらいい旦那さんを見つけて専業主婦になるほうがいい」**という価値観が広まっています。

マンガ『働きマン』に代表されるバリキャリ志向（バリバリキャリア志向の略）の女性が多かった団塊ジュニア世代に比べると大きな変化であり、保守化傾向が生まれたということがいえると思います。

［図表6>3］さとり世代の女性では専業主婦志向が高まっている

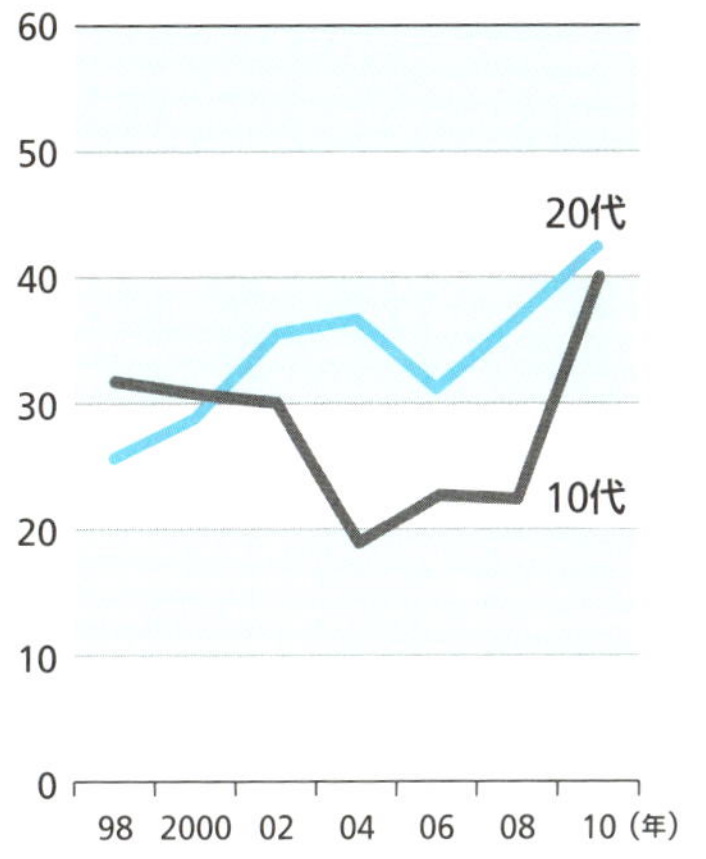

出典：生活定点2010

この安定志向の高まりは、さとり世代が10代だったころから見られていた傾向で、2005年に発売された拙著『10代のぜんぶ』の中でも、まだ10代であった彼らの安定志向について述べています。

つまり、就職氷河期だから、彼らが急に安定志向になったわけでも保守化したわけでもなく、ずっと不安定な時代を生きてきたさとり世代は彼らの世代特徴として、もともと安定志向が染み付いている世代だといえると思います。

周囲に対する「過剰な気遣い」

ケータイやソーシャルメディアによって、さとり世代の人間関係が広がった結果、**「過剰な気遣い」**が彼らの間に広がりました。

彼らの住むケータイ社会では、つながっている人間の数やコミュニティ数が以前と比較にならないほど増えています。自分と合う人とも合わない人とも、さまざまなコミュニティでつながり続けるようになっているので、**「その場に合わせないといけない」「場を乱してはいけない」**というお作法（同調圧力）が厳しくなっています。

その結果、人間関係において「過剰な気遣い」が生まれています。

誰かに本音を打ち明けても、他人に伝わることを心配して腹を割って話せない。上の世代が思う以上に、彼らは不信社会を生きているともいえます。

「KY」（「空気が読めない」という意味で「お前、KYだよ」などと使われる）という若者言葉に代表されるように、彼らはしがらみの多い息苦しい人間関係の中で「読空術」とでもいうような処世術を身につけて日々生活しているのです。

なお、ここで私が指摘しておきたいのは、彼らは**あくまで同世代同士の水平的な人間関係において空気を読み、周囲と上手になじむことが得意**だということです。

「読空術」を駆使する彼らですが、**会社生活など、上意下達《じょういかたつ》の垂直的な人間関係は**

苦手としています。学生時代に部活の先輩から「いますぐパン買ってこい！」というような理不尽な命令を受けるといった経験をしたことがある人も、一部の地域や体育会系を除いて少ないと思います（そういう先輩がいたとしたら、逆に「ＫＹなやつ」として集団から浮いてしまうでしょう）。

ですので、せっかく新入社員として会社に入っても、上意下達の会社生活になじめず新型鬱という比較的若い人に多い鬱病になってしまう人も決して少なくないようです。

明治安田生命が毎年恒例で発表している「新入社員アンケート」に理想の上司ランキングというものがあります。この調査において、さとり世代がどのような有名人を理想の上司としているかを覗いてみると、興味深いことがわかります。

上位の顔ぶれはその時々のメディアの露出や活躍を反映している側面が強いのですが、10位圏内に一貫してランクインしている人がいます。

それは「所ジョージ」さん。２００４年２位、２００５年４位、２００６年３位、２００７年３位、２００８年２位、２００９年４位、２０１０年と２０１１年７位、２０１２年３位、２０１３年５位と根強い支持を受けています。

知的で場を明るくしてくれる頼れる兄貴分。「親しみ」という要素が水平的な人間関係を生きてきた彼らにとって魅力であることがわかります。彼らを部下にもつ社会人のみなさんは、**「親しみやすい兄貴分」といった接し方をすることで、彼らの心の**

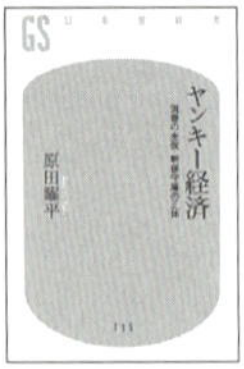

『ヤンキー経済』
（2014年）

扉を開くことができるかもしれません。

特徴❹ 情報過多による「既視感」

「既視感」とは、ネット上に氾濫する情報によって、体験したこともないのに体験した気になったり、見てもいないのに見たような気になったりすることで、結果として**行動力や好奇心が削がれてしまう**という特徴のことです。

たとえば、「ハワイに行きたい」と思っていたとしても、会社の先輩がツイッターなどで「ハワイなう。ハワイは日本人ばっかりで面白くないよ～」とつぶやいているのを見て、「なんだつまらないのか。じゃあ、わざわざ行かなくてもいいか」と、自分がハワイに行く前に他人の口コミ情報によって行動する欲望が削がれてしまう状態を指しています。

さとり世代は、ソーシャルメディアの普及とそこから得られる主にネガティブな口コミ情報によって、過剰に耳年増になってしまっています。それが**彼らの消費意欲の減退や恋愛意欲の減退を生み出している一因**となっています。

さとり世代に見られる拙著**『ヤンキー経済』**（幻冬舎新書）に登場した、2014年のユーキャン新語・流行語大賞にノミネートされた**「マイルドヤンキー」**の地元志向も、まさにこの既視感がひとつの要因となって生み出されたものです。NHKの連続テレビ小説「**あまちゃん**」で、能年玲奈さん演じる天野アキは、「わざわざ東京に行かなくても、ネットを使えば欲しいものはたいてい買えるし、東京も田舎も変わらない」といっていますが、**あふれるネット情報に接しているさとり世代にとって、東京に対する憧れ自体が成立しなくなっています**。

この既視感については、よろしければ拙著『**情報病　なぜ若者は欲望を喪失したのか?**』（角川ｏｎｅテーマ21）をお読みいただくと、さらに深い理解が得られるかと思います。

『情報病』（2009年）

特徴5 「キャラ立ち」願望

上の世代の章でも登場した「オタク」ですが、彼らは自分が傾倒するアニメやマンガなどのサブカルチャーに情熱を注ぎすぎた結果、服装や言動などにおいて周囲に対して気遣いを欠いてしまうところもあり、これまではポジティブなイメージで語られることはあまりありませんでした。

ところが近頃、さとり世代の女性たちの間で**「私はオタクです」**という人が増えています。「アニメ、マンガ、コスプレが好き」と公言するＣａｎＣａｍ専属モデルの山本美月さんなどはその典型といえるかもしれません。

前述したように、さとり世代はソーシャルメディアを通じて、常時大量の知り合いに囲まれています。その結果、彼らは集団の中での自分の立ち位置をどう周囲にアピールするかを考えざるを得ない状況にあります。いわゆる**「キャラ立ち」**（周囲と異なる自分のキャラクターの確立）が求められるようになったのです。

この傾向は男女問わずなのですが、とくに女性の間で「見た目はかわいいのに、じつはオタク」といったアピールをする女子が増えています。その背景には、このギャップが効果的なアピール・ポイントになるという意識があるのかもしれません。

また現在は、こうした**「オタクキャラ」になりやすい環境**ということもできます。昔であれば秋葉原に足を運ばなければ、マニアックな情報は入手困難でしたが、現在は、ネット環境が充実しているので、ちょっと調べれば知識を得ることができます。効率よくネットで情報を収集し、興味のジャンルを増やすことができるのです。

ただ、こうした女性には2種類のタイプがあり、「本当のオタク」と「オタクのふりをしている」人がいます。私の実感としては、**「本当のオタク」の人の数は、いわれているほど、大幅に増加しているわけではない**ように感じています。

「オタク」という言葉をファッション感覚で使うことで、ソーシャルメディアでつながった人間関係の中でライトな「キャラ立ち」をしようとする人が大多数を占めており、本当に大好きでディープに興味分野を深掘りするタイプの人は少数派のようです。

「オタク」という言葉の意味や使い方も、さとり世代とその上の世代ではかなり違いが生まれているように思います。

特徴❻ 消費意欲が低い

さとり世代が幼少期を過ごした2000年代、企業の再建・再編が進み、大企業の業績が回復しても国民に景気回復の実感はなく、**「実感なき景気回復」**と呼ばれました。デフレが続き、ファストファッションや100円ショップ、280円均一居酒屋に代表される、低価格でも質がそこそこいいモノやサービスを提供する企業が増えていきました。1990年代に引き続き、出口の見えない不景気、閉塞感が継続したので、「失われた20年」と呼ばれ、とくに若者たちを中心に将来不安が高まっていきました。

こうした中、**「高価なモノを消費すること＝楽しい生活」というバブル世代的な価値観が大きく崩壊**していきます。すでにバブル崩壊を青春時代に目の当たりにした団塊ジュニア世代から、そのような傾向は徐々に出てきていましたが、さとり世代になると、その傾向がさらに強く表出してくることになります。

さとり世代の登場から、松田久一**『「嫌消費」世代の研究　経済を揺るがす「欲しがらない」若者たち』**（東洋経済新報社）や山岡拓**『欲しがらない若者たち』**（日経プレミアシリーズ）などという本も出版されるようになります。

2007年8月22日付の『日経MJ』では「巣ごもる20代」というタイトルで特集

『「嫌消費」世代の研究』（2009年）

『欲しがらない若者たち』（2009年）

記事が組まれました。

この記事によると、いまの若者たちは「車は不要。モノはそれほど欲しくない。お酒もあまり飲まない。行動半径は狭く、休日は自宅で掃除や洗濯にいそしむ。増えていくのは貯金だけ」だそうです。

近頃の若者が興味を示さなくなってきた象徴的なアイテムとして、いろいろなメディアでよく取り上げられているのが、**「車」「酒」「海外旅行」**。これらは、かつての若者の三種の神器といってもいいでしょう。

この『日経ＭＪ』の記事内に掲載された調査結果でも、「乗用車に興味がある」（たいへん＋ある程度）と回答した20代は、２００２年の74・１％から２００７年には53・5％に減っています。

ちなみに30代は79％から68％、40代は68％から57％、50代は72％から54％へと減っていて、どの世代も下がっているものの、20代の下げ幅が最も大きいことがわかります。

また、「お酒を飲まない」（まったく＋ほとんど）と回答した20代は、２００７年に34・４％。「自宅でビール類を飲まない」と回答した20代も、２００３年の39・４％から２００７年には50・６％まで増えました。

つまり、**経済が右肩上がりの時代の若者たちが飛びついていた車や海外旅行やブランド品、お酒に若者が飛びつかなくなる傾向が出てきた**のです。深刻な少子化で若者

原田曜平
『女子力男子』
（宝島社・2014年）

の人口も少なくなり、マーケティングターゲットとして若者に魅力が少なくなっていたことも重なり、団塊世代の登場以降、一般的にいわれてきた**「消費のトレンドセッターとしての若者像」はここで完全に崩壊**しました。

いわゆる**「若者の消費離れ」**とも呼ばれる現象ですが、これは不景気による将来不安に加え、先ほどご説明したとおり、さとり世代が「幼いころからケータイをもち始めた」ことにより、彼らの間で「既視感」が広がったこともひとつの原因と考えられます。

これは、ネットでの情報や口コミによって、やってもいないのにやったような気になってしまう感覚ですが、この「やってみたい」という欲望を削ぐ既視感の存在も、さとり世代の消費を縮小させている側面があります。

若者の誰もが飛びつくモノが少なくなったことは、見方を変えれば、**「周囲がもっているから自分ももたなければ遅れをとる」という戦後の日本で続いてきた付和雷同的な消費の崩壊**ともいえるかもしれません。自分が本当に必要なモノを必ずしもお金をかけないで充足させるという多様性に富む「個」の選択が定着し、日本社会が成熟ステージに完全に移行したともいえるでしょう。

その結果、さとり世代の中には、**多様な消費行動**があらわれています。

「車」の代わりに大都市部であれば「自転車」に乗る人（2010年のユーキャン新語・流行語大賞に「バイクコンシャスライフ」がノミネートされた）が出てきたり、「お酒」の代わりに男子でも「カフェ」に行って「スイーツ」を食べる**「スイーツ男子」**や美容意識の高い**『女子力男子』**（宝島社）が注目を浴びたり、お酒を飲むにしても、**「宅飲み」**する人も出てくるなど、かつての若者にはあまり見られなかった傾向があらわれ始めています。

3【さとり世代】の消費・文化の歴史——最も豊かだった幼少期

幼少期からマーケティングの対象に

「さとり世代」は日本が最も豊かだったバブル期のころに生まれているため、世代論で見ると、戦後、最も豊かだった幼少期を過ごした世代だといえます。

彼らが生まれたあと日本経済は下降線・平行線をたどることになりますが、**少なくとも彼らが生まれた時点だけでいえば、最も豊かだった世代**でした。団塊ジュニア世代からの流れをさとり世代も踏襲し、幼少期から多くの企業のマーケティング対象になりました。

大ブームを起こしたデジタル携帯ペット育成ゲーム**「たまごっち」**（バンダイ、1996年発売）、競技用ヨーヨー**「ハイパーヨーヨー」**（バンダイ、1997年発売）、現代版ベーゴマ**「ベイブレード」**（タカラ、1999年発売）、トレーディングカードゲーム**「遊戯王オフィシャルカードゲーム デュエルモンスターズ」**（コナミデジタルエンタテインメント、1999年発売）、ローラーシューズ**「ヒーリーズ」**（米・ヒーリングスポーツ社、2000年発売）、携帯型ゲーム機**「ゲームボーイアドバンス」**、家庭用ゲーム機**「ニンテンドーゲームキューブ」**（ともに、任天堂、2001年発売）など、**さとり世代は上の世代以上に豊富なおもちゃに囲まれて育ちました。**

たまごっち　©BANDAI,WiZ

ハイパーヨーヨー　©BANDAI 1997

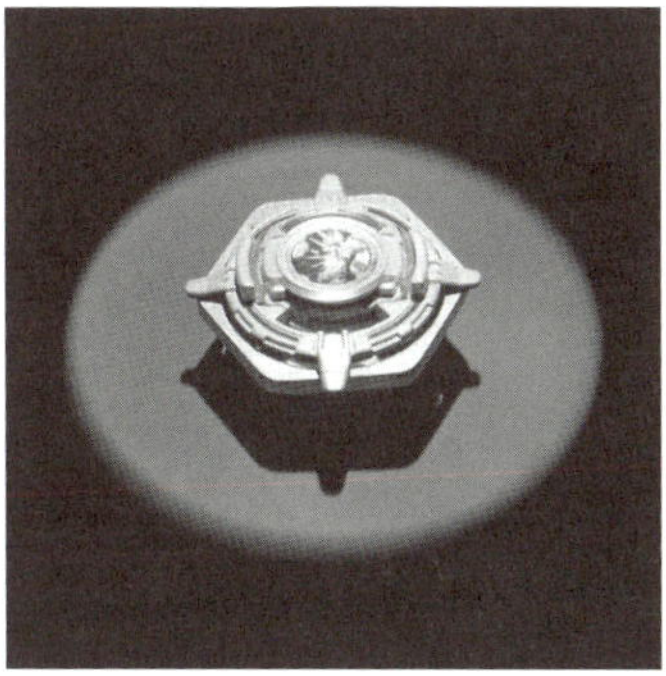
ベイブレード　©Hu/T

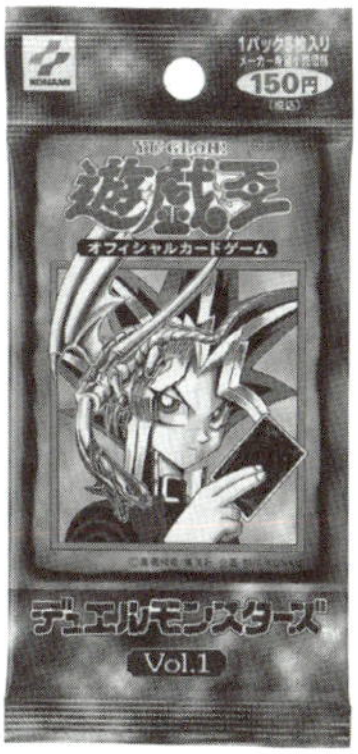

遊戯王オフィシャルカードゲーム
デュエルモンスターズ Vol.1
©高橋和希 スタジオ・ダイス／集英社 企画・制作／KONAMI

「ポケモン」で男女の垣根なく遊ぶ

幼少期からマーケティングターゲットとして、さまざまなモノやコンテンツに囲まれて育ったさとり世代ですが、**この世代を最も象徴するコンテンツは「ポケモン」**です。

「ポケモン」は「ポケットモンスター」の略で、ゲームソフトの名前でも登場する架空の生き物たちの総称でもあり、それらを題材にしたアニメをはじめとする作品群のことです。

1996年にゲームボーイ用ソフト「ポケットモンスター 赤・緑」が発売され、小学生を中心に大人気になり、いまでも多くの新作が発売され人気を博しています。1997年よりテレビ東京系列にてテレビアニメも放送が始まったり、トレーディングカードゲームも人気だったり、**さとり世代は、とにかくこのポケモンに熱狂して育ってきました。**

それまでは女の子の読むマンガ・アニメ・ゲームと、男の子のそれには違いがありました。たとえば、団塊ジュニア世代の小学生時代、男の子は『少年ジャンプ』、女の子は、おそらく『りぼん』や『なかよし』に掲載されているマンガを

ポケットモンスター 赤・緑

ポケットモンスター
オメガルビー・アルファサファイア

『nicola』
（1997年6月創刊）

読んでいて、そこには男女を二分する大きな垣根がありました。

ところがさとり世代は、男の子も女の子もポケモンのアニメを見て、ゲームをし、カードを収集してきました。男の子も女の子も同じコンテンツに熱中しているのですから、男同士・女同士、固まって別々の遊びをするのではなく、性差を超えて遊んできたわけです。詳しくは後述しますが、この**性差を超えたコミュニケーションは彼らのメンタリティーにも大きな影響を与える**ことになります。

ローティーンファッションの先駆者

さとり世代は**「おゆとりさま」**とも呼ばれ、とくにいざなみ景気（2002年2月～2009年3月）が始まる直前から直後に注目を浴びました。バブル期に20代を送った親たちの消費傾向を受け継ぎ、オシャレに敏感で金づかいのいい若者たち——そんなステレオタイプで世の中に紹介されたのです。

主にローティーン向けのアパレル業界や化粧品業界を中心に、マーケティング上のひとつのターゲットをあらわす言葉として使用されました。

この層を対象としたビジネスとして、2000年代前半によく名前があがったものに、新潮社が発行するローティーン向けファッション雑誌**『ニコラ』**（1997年創刊）や、子ども・ジュニア向けのアパレル**「ナルミヤ・インターナショナル」**などがあります。

とくに「ナルミヤ・インターナショナル」は、ジュニアのアパレル市場を創出したといっても過言ではありません。ポップなデザインで多彩な色違いのラインナップを揃えた洋服を売り出し、当時人気だったSPEEDやモーニング娘。などの人気タレントがテレビで着用したこともあり、大変な人気を博しました。

さすがに団塊ジュニア世代の幼少期は、さとり世代ほどカラフルでポップな洋服を子どもが身につけていたケースは少なかったので、**アパレルという観点でいえば、さとり世代が先駆けだった**といえるかもしれません。

消費の主役になれなかったさとり世代

このように、**さとり世代は基本的には団塊ジュニア世代の流れを踏襲し、企業に幼少期からマーケティングターゲットにされてきた世代**であり、**ジュニアアパレルの市場や私立中学受験の市場など、いくつか新しい市場を創造**したのは事実です。

しかし世代人口が少なく、彼らが生まれた、あるいは思春期に入るあたりから日本が「失われた20年」に入り、経済がボロボロになっていったこともあり、実際のところは、団塊ジュニア世代ほど、消費者としてのインパクトはなく、団塊ジュニア世代ほどは「消費の主役」としての立場が得られなかったというのが実態といえると思います。

象徴的なのがテレビアニメです。この**さとり世代の幼少期以降、テレビのゴールデンタイムから、アニメが大幅に減る**という現象が起こりました。

団塊ジュニア世代が小さいころは、ほぼ毎日、人口の多かったこの世代とその親による家族での視聴を狙い、アニメがゴールデンタイムに流されていましたが、さとり世代のときに状況は一変してしまったのです。

その中でしいてヒット作をあげるとすると、**「美少女戦士セーラームーン」**（アニメは1992〜97年放送）は、さとり世代の象徴であり、アニメ界の中興の祖といえるかもしれません。セーラームーンは講談社の『なかよし』に連載され、同時にアニメ化され、社会現象になりました。

日本のアニメの全盛期は、人口の多かった団塊ジュニア世代が幼少期だった1980年代で、1980年代後半〜1990年代初頭のアニメが停滞していた時期を、このセーラームーンが一時的に救ったといえると思います。

私立中学受験ブームを経験

また、**主に首都圏における私立中学受験者数の上昇も、さとり世代が先駆けだった**といえます。

[図表6>4] 2月1日 私立中学受験者数と募集定員の推移

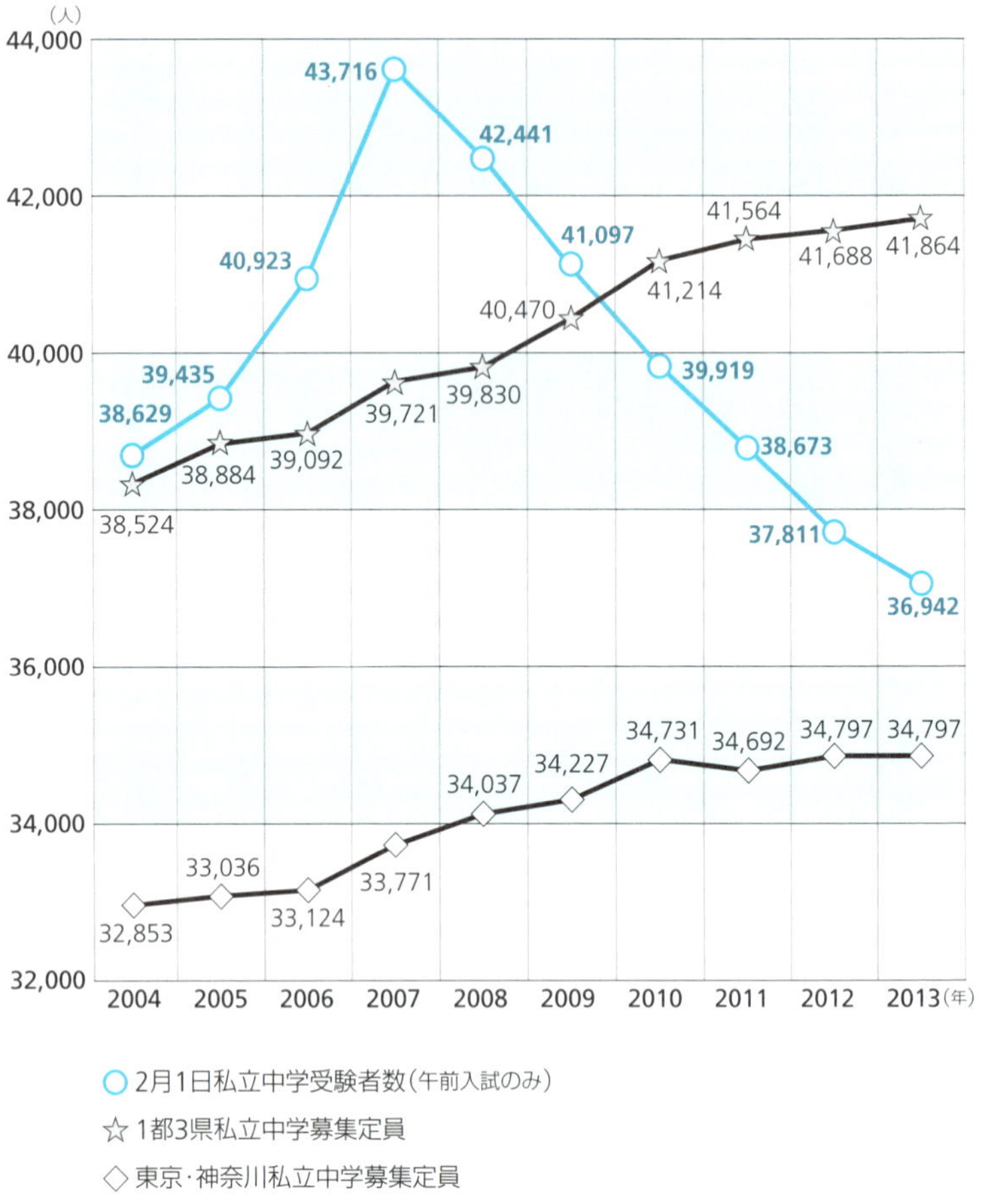

出典:森上教育研究所

もともと私立中学受験者数の増加はポスト団塊ジュニア世代のころから高まりましたが、ゆとり教育に対する保護者の不安を背景に、さとり世代が中学受験を迎える2000年ごろからさらに高まり、2000年から2007年まで8年連続で上昇しました。

ただしその後、リーマン・ショックや東日本大震災があり、保護者の懐に本格的にゆとりがなくなってきたこともあり、中学受験者数は下降傾向に向かい、いまでは団塊ジュニア世代の後期のころと同程度の割合になっています。

今後、アベノミクス等々で日本の景気がどうなっていくかわかりませんが、現状ではさとり世代より下の若者たちの中学受験者数は減っているので、**さとり世代が「ゆとり世代」という名で呼ばれていながらも、最も中学受験を経験した世代**ということになります［**図表6∨4**］。

普通の子が扇動した「学級崩壊」

さとり世代が小中学校の幼少期に引き起こした大きな事象のひとつに**「学級崩壊」**があります。

授業中に生徒が携帯で通話したり、ゲームをしたり、教室後方で寝そべったり、廊下でふらふら走り回って奇声をあげる。授業中に教室の鍵を閉め、教師を締め出す。

教師側もクラスを面倒見切れず、1年間で何度も担任が交代するなど、集団教育がまったく機能しない状態になったクラスもありました。

この学級崩壊は1990年代後半から、さまざまなメディアで取り上げられるようになり、1998年には、「NHKスペシャル」で「広がる学級崩壊」がテーマとして取り上げられました。

注目すべきは、この学級崩壊を扇動していたのは、従来「不良」と呼ばれるような、手のつけられない問題児ではなかった点です。むしろクラスの人気者の部類に入るような生徒も多く、彼らは生徒の間で仲間はずれにされることはまったくなかったという声も聞きます。

特殊な生徒ではなく、ある意味「普通」の生徒が扇動した学級崩壊。

さとり世代は友人との間の空気を読み、周囲との対立よりも協調を重んじます。仲間の中心にいる子が学校の秩序を乱す行為をしたとしても、それが教室の空気として確立してしまえば、まわりはそれに従ってしまいます。**学級崩壊は彼らの特徴である「同調圧力」が負の形であらわれた事象**かもしれません。

さとり世代は、小さいころから不安定な時代を生きてきました。

家庭内ではリストラ不安が飛び交い、賃金が減った親もたくさんいて、そうした社会や家庭内のギスギス感が彼らに影響を与えた面もあるでしょう。

また、さとり世代の親は大体バブル世代近辺ですが、まさにこのバブル世代は、管理教育の下、校内暴力が問題になった世代でもあります。**バブル世代は主に中学校や高校で校内暴力が問題になっていた**のに対し、**さとり世代はより低年齢化した小学生のときに学級崩壊が問題になった**という点も大変面白い視点といえるかもしれません。

4【さとり世代】の恋愛・結婚——恋愛よりも同性重視へ

恋愛・結婚❶

男女ともに「恋人がいない」が過去最高を更新

団塊ジュニア世代の章で、「草食男子」は団塊ジュニア世代に向けた言葉であると書きました。つまり、恋愛離れは、団塊ジュニア世代のときから徐々に世の中に認知されるようになっていた現象だといえますが、この**さとり世代では、恋愛離れの流れが完全に定着した**ということができます。

結婚情報サービスのオーネットの2011年における二度の調査によると、20〜30代の独身男性で「交際相手がいない」と回答した人は75%となり、調査開始以来の15年間で、過去最高値を記録したそうです。

また、20〜30代の独身女性で「交際相手はいない」と回答した人は65％で、これまた過去15年間で最高値を更新したそうです。

これは30代の団塊ジュニア世代も含まれている調査結果ですが、**団塊ジュニア世代以降の男女ともに、恋愛離れが起こっている**ことがわかります。

なお２０１１年１月に新成人になった女性にも調査したようですが、70・３％が「交際相手がいない」と回答したそうで、団塊ジュニア世代よりもさとり世代のほうが、この傾向がさらに強くなっていることが想像できます。

たしかに私の研究に協力してくれる若者たちを見ても、私よりもはるかにイケメンなのに彼女がいない人や、綺麗なのに彼氏がいない人がたくさんいて、本当に驚かされます。よく冗談で「当時の僕に君のビジュアルがあれば、いったい何股していたことか。君らはもったいないと思わないの？」と彼らに聞くことがありますが、大概の答えは**「面倒だからしない」**というものが返ってくることが多いです。

なお、同調査で「彼女がほしい」と答えた20代男子は66・７％。「結婚したい（早く＋いずれは）」と回答した20代女子は、２年前の75・３％から81・０％に上昇したそうで、私が普段さとり世代と接している中でも、彼らが異性に興味をなくしてしまっているわけではなく、**本音では大多数が「恋人が欲しいし、結婚したい」と思っている**と感じています。

ソーシャルメディアが恋愛を遠ざける?

では、なぜ彼らは恋愛・結婚をしなくなっているのかというと、**「恋愛・結婚しにくくなっている」という状況が実態**だと思います。

たとえば、その理由のひとつは、これまで述べてきたように、不安定な雇用や少ない給料等々の経済的な問題が大きく影響しています。

ちなみに同調査において「結婚相手に求める年収はいくらか」と20代女性に聞いたところ、「400万円以上」が26・2%、次いで「300万円以上」が23%だったそうです。

この回答結果を見ると、「三高」(高学歴、高身長、高収入)と呼ばれる男性が人気だったバブル期に比べ、**さとり世代の女子はかなり現実的になっている**ように思います。もっとも、日本のサラリーマンの平均年収は400万円程度といわれているので、まだ若いさとり世代の男性の平均は当然それよりも低く、非正規雇用の比率も高いので、これでもまだプレッシャーを強く感じてしまう金額なのかもしれません。

事実、「現在の収入では恋愛も結婚も難しい」と答える独身男性(20〜40代)は、同調査で63・4%もいたそうです。

このように、結婚が難しくなっている「非婚」現象については、団塊ジュニア世代と同様、経済的な要因が大きく影響していることがわかりますが、じつはそもそも、その前段階の恋愛自体も困難になっています。

この**「恋愛離れ」の理由に関しては、私は「ソーシャルメディア」の普及も大きな原因のひとつ**になっていると考えています。

たとえば好きな子ができ必死でアタックしても、その必死な様子がソーシャルメディアを通じて、その子によってまわりの友達に伝わってしまうかもしれません。

もちろんこうしたリスクは昔からありましたが、ソーシャルメディアの普及により、その伝達範囲と速度は、かつてとは比べモノにならないくらい広い、速いものになってしまっています。ある日、まったく関係のない友人から、「必死であの子にアタックしているんだってね？」なんていわれてしまうことも、十分あり得るのです。

告白してふられてしまったら、その結果がまわりに伝わってしまうかもしれません。よしんば付き合ったとして、相手をふってしまったら、ひどいふられ方をしたという噂を流され、悪い印象をまわりの友達にもたれてしまうかもしれませんし、新しい出会いが困難になってしまうかもしれません。

また、先ほどの「既視感」と関係しますが、たとえばソーシャルメディアで好きな子のページやその子の友達のページを隈なく見れば、たいていその子の性格がわかったような気になってしまいます。

過去の恋愛遍歴がひどかったとか、性格が悪いとか、自分とは合わない趣味をもっているとか、そういったことも覗き見できてしまう。つまり、**恋愛を始める際、いちばん原動力になりやすい「相手への過剰な妄想」が生まれにくくなっている**のです。

こうした恋愛のリスクを生み出しやすい、リスクを過剰に想像させてしまう、妄想を抱けないことに、ソーシャルメディアが大きく寄与しているように思います。

恋愛難のため、異性重視から同性重視へ

こうしたさまざまな要因により、さとり世代は、**異性よりも居心地のいい同性との関係を重視する**ようになってきています。2010年にユーキャン新語・流行語大賞のトップテンに入った「女子会」という言葉がそれを象徴しています。

いまではこの「女子会」は若者のみならず、多くの世代の女性の間で行われていますが、もともとの発祥は、若者が多く利用する居酒屋チェーン「笑笑《わらわら》」の「わらわら女子会」という女性専用プランだそうです。

いまでは**「男子会」**という言葉もでき、面倒でリスクのある異性といるよりも、同性同士で気楽に楽しもうという風潮が、さとり世代の間で広がっています。

また、ギャルが運営するサークル**「ギャルサー」**も、さとり世代ギャル

住友生命がカフェを借り「女子会」風の和やかな会社説明会を開催
（2012年、朝日新聞フォトアーカイブ）

の「同性重視」の特徴の結果、生まれたものかもしれません。

ギャルサーは、2000年代初頭から徐々に広まっていき、2006年には日本テレビで「ギャルサー」というドラマも放送されました。彼女たちギャルが女子同士、熱く活動する姿は、いまでいうところの「女子会」の走りだったのかもしれません（ギャルサーの中には、ギャル男《お》の男子が所属しているものもありますが）。

5 〈さとり世代〉の消費のツボ――変化より居心地を求める

消費のツボ ❶

「不景気だから」の節約志向ではない

これまで述べてきたように、さとり世代は、生まれた時点では最も豊かだった世代でありながら、その後の日本は、閉塞し弱った経済状況へ突入していきました。

第5章（団塊ジュニア世代）で、青年期までの団塊ジュニア世代はまるで「三代将軍家光」のようであり、青年期以降は「斜陽族」のようだと述べましたが、低成長ながらも、青年期まで日本の経済成長を感じられ、「いい学歴をとっていい会社に入れば万全」という人生のレールを信じて疑わなかった団塊ジュニア世代に比べ、さとり世

ホンダ「N-BOX」は
2015年上半期軽自動車
新車販売台数No.1
（社団法人 全国軽自動車協会連合会調べ）

代は生まれてから、あるいは記憶のあるうちはずっと「斜陽族」だったわけです。

経済成長の原体験と安定感に包まれて生きてきたために、「こんなはずじゃなかった」と深層心理で思っている団塊ジュニア世代とは違い、さとり世代には不安定な世の中の記憶しかないので、**「人生とはそもそも不安定なものである」**という考えが体に染み付いていて、団塊ジュニア世代ほど、世の中に対して過度な期待がありません。

それに、さとり世代は、生まれた時点では最も豊かな世代だったので、前提として、上の世代よりもモノなどに恵まれており、そもそもあまり貪欲ではありません。恵まれて貪欲でない人たちが、経済不況の中を生きてきたので、消費意欲が旺盛でないのも当然ではないでしょうか。

彼らの生きてきた時代は、「失われた20年」であり、デフレの時代でもありました。

この期間に、ある程度の年齢になっていた上の世代にとっては、賃金が上がらず、苦しい時代でしかなかったわけですが、このデフレの時代には、「安かろう悪かろう」ではなく、**「安かろう、そこそこよかろう」**の商品やサービス、言い換えれば**「デフレ商品・サービス」**が普及しました（ユニクロもほかのファストファッションも、イオンも郊外アウトレットも、3プライスの低価格のメガネやスーツも、コンビニのプライベートブランドも、発泡酒や第三のビールも、軽自動車も、とくに2000年代に急拡大しました）。

そのため、幼少期や思春期の若いステージにいたさとり世代からすれば、お金がま

静岡県御殿場市にある日本最大級の
郊外型アウトレットモール、
御殿場プレミアム・アウトレット
(Wikimedia Commons)

だないステージなのに、「安くてそこそこよいモノ」を買えた時代だったわけです。世にあふれた「デフレ商品・サービス」を幼いころから謳歌できた世代と言い換えることもできます。つまり、さとり世代は、**デフレ商品・サービスの恩恵を幼いころから享受しており、そこに大変な満足を感じている**のです。

最近、私はよくさまざまなメディアから、「アベノミクスで若者たちの消費がどう変わるか?」という取材を受けます。しかし、私がいつも回答しているのは、「変わりません。少なくとも、大人の期待通りには」というものです。

日本の好景気を知っている大人は「ついつい景気がよくなると、消費が高額消費の方向に向かう」と盲目的に思ってしまいます。つまり、「高額商品＞低額商品」という図式が盲目的に体に染み込んでしまっています。

しかし、先ほど述べたように、さとり世代は、デフレ商品・サービスに満足しています。**さとり世代の消費感覚は、非常に「ファストファッション的」**なのです。

高額商品が必ずしもいいと思うわけではなく、安くてそこそこよいモノを「是」と考えるOSが、彼らの中には組み込まれているのです(もちろん、高額商品やブランドもの好きなタイプのさとり世代もいますが、マジョリティとしてはこういった方向に向かっています)。

ですから、前述した取材に対し、景気がよくなり、若者たちが百貨店に行き、バンバン高額消費を行うという期待には異論を唱え、**「おそらくファストファッションで**

「一着2000円のワンピースを2枚買っていた人が、5枚買うようになる。そんな消費の変化が起こると思います」と答えるようにしています。

マーケティングサイドも、景気がよくなろうが、彼らの年収が仮に1000万円を超えようが、もちろん高額消費に走る若者も一部では出るとは思いますが、彼らのマジョリティは「ファストファッション」的な消費が染み付いていることは理解しておくべきです。

そのことを踏まえ、バブルの時代のように、若者が身分不相応に高額消費をしていたノスタルジーを捨て去り、引き続きこのデフレの15年（?）で培ったファストファッション的な商品・サービスを一段と進化・深化させていくことが求められていると思います。

消費のツボ❷

男女逆転を狙え！

前述のように、さとり世代を熱狂させた象徴的コンテンツ「ポケモン」は、男女の性差の垣根を越える交流を生み出しました。つまり、ポケモンで育ち、性差が少ないさとり世代からすると、**「男らしさ」「女らしさ」はかなり薄れ**てきていて、彼らは、上の世代以上に、男性が女性的であってもいいし、女性が男性的であってもいいという価値観をもっている世代といえます。

事実、このさとり世代では**「男性の女性化」「女子力男子化」**をあらわしたさまざまなキーワードが生まれています。もちろん、さとり世代のすべてがこれらのキーワードに当てはまるわけではありませんが、**「日傘男子」「弁当男子」「スイーツ男子」「レギンス男子」「一眼レフ女子」**などは、これを象徴しているでしょう。

従来、「男性向け」、「女性向け」と別物として考えてきた商品カテゴリーの垣根を取り払い、性差を逆転したり、性差を超えたマーケティングを行うことにより、新しい市場が見えてくるかもしれません。

コミュニケーションツールになれ

試しに、ツイッターで**「レッドブルなう」**と検索してみてください。

レッドブルは20代、つまりこの本でいうところのさとり世代が牽引し、売上げが大きく拡大された商品として有名です。２００８～１１年にかけて約6倍になったといわれ、その後、ライジン、モンスターエナジー、バーン、スターバックス リフレッシャーズなどが発売され、日本にエナジー飲料市場が根づいた事例として有名です。

このレッドブルの日本での成功にはいくつもの要因があり、さまざまなメディアやマーケティングレポートが解説しています。

もちろんさまざまな成功要因があったと考えられますが、私がレッドブルの成功事

『間接自慢する若者たち』（2015年）

レッドブル・シュガーフリー（レッドブル）

レッドブル・エナジードリンク（レッドブル）

例に関して最も注目しているのは、**「若者のコミュニケーションツール」**になれたという点です。

さとり世代は、前述しましたが、ソーシャルメディアでたくさんの友達とつながっているので、自分に関する悪い噂が立つと、それがすぐに広がってしまいます。そして、それを恐れています。

たとえば「オレ、仕事が忙しくて、今日も徹夜だ〜」とツイッターでつぶやけば、「こいつは仕事自慢をしている」とまわりに思われてしまうかもしれません。自慢とまではいわなくても、自分のつらさを過剰に吐露する**「イタイやつ」**だと思われるかもしれません。そうしたときに、「レッドブルなう」とつぶやくと、「徹夜している」という自慢めいた直接表現から逃げられ、間接表現としてまわりに受け入れられるのです。まわりも「レッドブルなう」とつぶやかれると、「大丈夫？」「がんばれー」などといいやすくなります。

マーケティングサイドとしては、このソーシャルメディアでつながった彼らの過剰な気遣いに目をつけ、彼らが表現したいことの代弁に、自社の商品やサービスがなればいいわけです。

「若者がいったいソーシャルメディアで何をまわりに伝えたいのか？」という起点から、このさとり世代を狙った商品やサービスを考える視点も重要だと思われます。

なお、この若者の「間接表現」に関しては、拙著『**間接自慢する若者たち**』（角川書店）という本で詳しく解説していますので、よかったらご覧ください。

未来を描かせるのではなく、過去を思い出させてやれ！

いま若者たちの間で**「制服ディズニー」**という現象が起こっています。

これは、大学生や若手社会人が、中学時代や高校時代の制服を引っ張り出してきて、それを着て、集団でディズニーランドに行く現象です。関西では**「制服ＵＳＪ」**と呼ばれています。私の研究に協力してくれる若者たちに聞いても、全員ではないようですが、１００人中30人程度はこの行為をしたことがあるようです。残りの若者たちのほとんども、制服ディズニーをやったことがある友達がいるといっていました。

彼らは「いましか着れないし！」と言い合い、制服を着て集合し、一緒にプリクラで制服姿を撮影し、「まだまだイケるっしょ！」などといい、ディズニーランドで過去の中学・高校時代を思い出して盛り上がるようです。

これは、いまの若者たちの間に生まれている**「懐古厨《かいこちゅう》」**というニーズをあらわした現象です。

「懐古厨」とは、「過去のほうがよかった」と嘆く人たちのことで、２ちゃんねるから生まれた言葉です。先ほどさとり世代を代表するコンテンツとしてポケモンをあげましたが、じつはこの**ポケモンも、さとり世代の「懐古厨」ニーズをとらえています**。

さとり世代の一部は、小さいころのみならず、大学生や社会人になってもこのポケモンをやり続けます。毎年、幼児というエントリー層がこのポケモン市場に参入するうえに、ポケモンから出ていかない層も多いので、ニンテンドー3DSなどで最新作が出ても必ず売れ、場合によっては過去最高の販売本数を更新するのです。

かつてマーケティングの原理原則としてあった考え方は、「消費者に背伸び」をさせることでした。古くは団塊世代が若いときであれば、「日本人にはできないアメリカのライフスタイル」を見せてあげた商品が売れたわけですし、バブル世代の若いころに対しては、「東京ラブストーリー」に代表されるように、「まだ見ぬお洒落なライフスタイル」を提示した商品が売れたわけです。

しかし前述したように、ベースが豊かで、期待値の低いさとり世代は、かつての若者のような「未来」に対する「憧れ」をもちません。必要以上に背伸びをすることが少なくなってきています。それよりもむしろ、**「過去」を「懐かし」がって、仲間皆で「共感」することが大切**になってきています。

よってマーケティングサイドも、スマホやＬＩＮＥなど、さとり世代に新しいライフスタイルを提示するだけでなく、逆に、**彼らの「ノスタルジー願望」を訴求した商品・サービスを考える**ことも大切だと思います。

参考

✣ **子どものころのヒーロー**

ポケモン

✣ **有名人**

石川遼／斎藤佑樹／藤森慎吾／本田圭佑／長谷部誠／長友佑都／ダルビッシュ有／田中将大／前田健太／錦織圭／髙橋大輔／小塚崇彦／亀田興毅／小出恵介／佐藤健／岡田将生／三浦春馬／松田翔太／小池徹平／松山ケンイチ

堀北真希／長澤まさみ／綾瀬はるか／相武紗季／蒼井優／小倉優子／山田優／青木裕子／ベッキー／若槻千夏／土屋アンナ／平原綾香／里田まい／藤本美貴／小森純／益若つばさ／井上真央／松下奈緒／後藤真希／満島ひかり／紗栄子／篠田麻里子／北川景子／上野樹里／石原さとみ／宇多田ヒカル／上原多香子／木村カエラ／松浦亜弥／浅田真央／浅尾美和／宮里藍／横峯さくら／上田桃子／辻希美／加護亜依／矢口真里／木下優樹菜／大島優子／佐々木希／黒木メイサ／新垣結衣／ローラ／前田敦子／板野友美／柏木由紀／北乃きい／指原莉乃／忽那汐里（順不同）

アスリートも多様化し、尖った発言をする有名人は少ない

どの世代でもプロ野球選手は有名人アスリートとして必ず名前があがりますが、さとり世代では、野球に限らず、ゴルフ、サッカー、男子テニス、フィギュア、ボクシング……などじつに多様なジャンルにまたがっており、彼らが価値観が多様化する時代の中を生きてきたことがわかります（ただし上の世代に比べて、やや小粒化傾向はあるかもしれません）。

また、強気で尖った発言をするのはダルビッシュ有と本田圭祐と亀田興毅くらいで、全体の中では少数派です。ソーシャルメディア世代特有の「まわりからイタイと思われたくない」という意識（＝同調圧力）が強いからかもしれません。

第7章

「クロスジェネレーション」で見れば、次のビジネス、日本の未来が見えてくる

【阪本節郎&原田曜平】

本書では、団塊世代からさとり世代まで、いまの日本社会の主な世代について各世代の特徴や時代背景、消費のツボなどを説明してきました。

最終章となる本章では、世代ごとの区分を超えた「クロスジェネレーション」の視点で見ることで、全体としてどこにどんなビジネスチャンスやマーケティングの可能性があるのかを探ってみたいと思います。

また、「クロスジェネレーション」という世代を超える関わりがビジネスの枠を超えて社会全体にどんなインパクトがあるのか、それについても考察します。

それは世界中が高齢化する中で日本が世界のモデルになる可能性があるからです。

1 ビジネスやマーケティング上の【クロスジェネレーション】

社会が変わると世代が変わり、世代が変わると社会も変わる。日本社会はそうやって変化してきました。

旧来型のマーケティング手法が通用しなくなっている中、現代には現代に合ったビジネスやマーケティング手法を考える必要があります。

現代のビジネスを考えるうえで、まずは次の3つの前提を押さえることが重要です。

前提❶ 標準世帯の崩壊、ビジネスの「対象層」も多様化している

世代が変化していることで当然、ビジネスの「対象層」も変化しています。対象層というのは、ビジネスのターゲットとなる層です。

現在、多くのビジネスでターゲットの中心になっているのは、20代後半から30代のネット利用者でしょう。

団塊世代をはじめとした中高年は人口が多く、どの企業も「中高年・シニア向けに何かビジネスをしたい」と考えていますが、彼らの実像がなかなかつかめずに各社苦戦しているというのが現状です。

高度成長期以降、日本企業はずっと「ヤングパパとママに子ども2人」という標準世帯を想定し、たとえば「主婦」層を対象にした商品やサービスをつくってきました。

しかし、**いままでは標準世帯という前提が崩れ、単身世帯が最も多くなっている**うえに、**各世代自体もそれぞれ多様化**しています。

それは裏返せば、従来の「主婦」「若者」「エルダー」といった対象層が多岐に広がり、さまざまなところにビジネスのチャンスが生まれているということでもあります。

これまでは若者とヤングファミリーが中心となって新しいトレンドを生み出してきました。

しかし、**ビジネスの対象層もビジネスチャンスも多様化している**ということは、現代のビジネスを考えるうえでまずは押さえておくべきポイントです。

前提❷ 細分化マーケティングの限界

2番目の前提としてあげられるのが、**「細分化マーケティングはもはや限界に来ている」**ということです。

一般にマーケティングでは「30代OL」「40代サラリーマン」というように、性別と10歳刻みで対象層を設定します。

しかし、「対象層はできるだけ細かく見なければ的確な手は打てない」とされ、最近は10歳刻みではなく5歳刻みで対象層を細分化する必要があるということもいわれます（それでも「5歳刻みでも幅が広すぎる」「1歳違えばかなり違う」という声もあります）。

ただし、対象層をどんどん細分化していくと、たしかに違いはあるものの、非効率なマーケティングになるという問題も出てきます。あまりにも狭い対象だけにモノやサービスを売ろうとすると、結果としてコストが割高になるからです。

むしろ各世代を**「クロスジェネレーション」**の視点で俯瞰し、共通項をベースに複数世代をつないでターゲットにするほうが効率的ということも多々あります。

各世代の特性をそれぞれ理解したうえで、**「ある世代とある世代を結ぶ」**という考え方をする。その「つながり」に対してビジネスのアプローチをするところにこれからの可能性があります。

とりわけ**上の世代ほど、少なくとも消費に関しては「個より全体」での動きをする**傾向にあります。

したがって、上の世代にモノやサービスを売ろうと思うのであれば、その世代だけを細かく見るのではなく、より若い世代も含めた世代全体をタテに見て共通項を見出していったほうがいい。そこに多くのビジネスチャンスが隠れています。

前提❸

「さとり世代」以降は、次世代のビジネスやマーケティングが必要

現代のビジネスを考える3つめの前提は、「全体から個へ」という消費の動きが現実化している若者、とくにさとり世代には、従来型のビジネスやマーケティングが通用しないということです。**さとり世代以降には、次世代ビジネス、次世代マーケティングが必要**になります。

彼らには**「『個』がつながりを求める」**という世代的な特徴があり、そこに新しいビジネスチャンスもあります。たとえば、彼らの間でカーシェアやルームシェアなどが人気なのがその典型です。

ただし、幸か不幸か現時点では、さとり世代は一気に大きなインパクトを与えるほどのボリューム世代ではありません。

今後、15～20年ぐらいは、従来どおり、人口ボリュームがあり、おカネもある団塊世代、ポスト団塊世代、新人類世代、バブル世代がビジネスやマーケティングにおいても重要な鍵を握るでしょう。企業の売上収益も確保できます。

しかし、変化は少しずつ、確実にやって来ます。

企業としては、現在の「猶予期間」に試行錯誤を重ねつつ、さとり世代、さらにはその次の「ポストさとり世代」を中心に、次世代のビジネスやマーケティングのあり

方を開発していくことが求められています。

2 クロスジェネレーションで見えてくる5つのビジネスチャンス

では、「クロスジェネレーション」の視点で見ると、具体的にどんなビジネスチャンスが考えられるのか、最もわかりやすい例を5つ紹介します。

新たなビジネスチャンス❶

「母娘」消費は何よりも強し

各世代の章でも何度か述べましたが、**「母娘」消費はマーケットが大きく、今後の大きなビジネスチャンスのひとつ**です。

具体的な「母娘」の組み合わせでは、**「団塊世代・ポパイ・JJ世代の母親＋団塊ジュニア世代の娘」**あるいは**「新人類世代・バブル世代の母親＋さとり世代の娘」**が有力といえます。

実際、これまでも「団塊世代・ポパイ・JJ世代の母親＋団塊ジュニア世代の娘」がSMAPを支え、「新人類世代・バブル世代の母親＋さとり世代の娘」が嵐を支えてきたといわれます。

韓流ブームもこの2つの「母娘」が支え、母から娘へ韓流スターの情報が、娘から母へK-POPの情報がそれぞれ交換されることで、大きな韓流ブームになったわけです。

もともと「母娘」消費は、団塊世代の親とその娘から始まりましたが、いまでは当たり前の光景としてよく見られます。

ショッピングモールには母と娘で来ているし、渋谷のヒカリエでも母と娘で一緒に買い物をしている姿をよく見かけます。母と娘の感覚が似ているので、一緒に行動できるわけです。今後も「母娘」をターゲットとした商品やサービスにはチャンスがあるといえます。

「母娘」をターゲットにした場合、狙うべきはまず母親です。消費の決定権や影響力は、圧倒的に母親の側にあるからです。

ひと昔前は、「母親=古い時代の人」「娘=新しい時代の人」でしたが、いまの母親は常に**「いまの時代の人でありたい」**という気持ちをもっています。

娘のファッションにも興味をもち、最新のファッション情報は娘を頼りにしている。実際に最新のファッションは着なくても、「流行遅れのものを着たくない」「最新の流行を知ったうえで自分なりにチョイスしたい」と思っており、そのための情報源が娘なのです。とくに「団塊世代の母親+団塊ジュニア世代の娘」にその傾向があります。

一方、「新人類世代・バブル世代の母親＋さとり世代の娘」になると、母親のほうが若いころにいいものをたくさん消費してきたので、**ファッションも化粧品も「娘にとって母親が師匠」**というケースが多々あります。

むしろ娘が母親のトレンドを追っており、母親のほうがいいもの、新しいものを買っていて、それを娘が学んでいる。とくにファッションや化粧品にその傾向がありま す。

したがって、**「母娘」消費を狙うなら、「新人類世代の母親」「バブル世代の母親」が今後のひとつの鍵**となるでしょう。

ちなみに、日本テレビ系のテレビ情報番組「ZIP!」は団塊ジュニア世代がターゲットとされますが、団塊世代からバブル世代までの母親が、ファッションや化粧品、エンタメの最新情報を仕入れるためによく観ているといわれます。

団塊世代の母親は**「遅れたくない」**という気持ちから最新の情報に対して貪欲であり、新人類世代・バブル世代の母親は「遅れたくない」ではなく**「私は進んでいる」**という気持ちから、最新情報に対して貪欲なのです。

「新3世代」は少子高齢化の新たなチャンス

「団塊世代・ポパイ・JJ世代の祖父母＋団塊ジュニア世代の娘＋その子ども」

このつながりは、少子高齢化時代に最も大きなビジネスの可能性がある**「新3世代」**です。

なぜ「新」なのか、理由は2つあります。

ひとつは、この「新3世代」は団塊世代と団塊ジュニア世代という、最大ボリュームゾーンの掛け算として、**人口のボリュームが過去最大だから**です。したがって消費においても非常に大きなインパクトがあります。

団塊ジュニア世代から「勝ち組」「負け組」がはっきりするようになりましたが、「勝ち組」であれば、親世代の財布も加わり高額消費が生まれる可能性があります。一方、「負け組」になったらなったで、親に依存せざるを得ないため、親に家の頭金を出してもらったり、マンションを購入してもらったりするケースも増えています。いずれにせよ、大きな消費ゾーンになります。

団塊世代は「友達親子」を最初に始めて、その子どもの団塊ジュニア世代は「友達親子」をさらに実践した世代です。つまり、**史上はじめて「友達3世代」が誕生**しているのです。

もうひとつの理由は、この**「新3世代」ほど結びつきの強固なつながりはかつてなかったから**です。

この「新3世代」は、祖父母もパパもママも子どももじつにフレンドリーで、「コミュニケーションでつながろう」という意欲が高い。

そういう「新3世代」がもたらすビジネスチャンスには、たとえば次の5つが考えられます。

【1】孫育て・孫ケア

前述したように、この世代の祖父母は、それまでのおじいちゃん、おばあちゃんのように「面倒を見られる」側ではなく、**「面倒を見る」側**になっています。

孫のものを買うときは、おカネも出すが口も出す。服を買ってあげるときも、よくわからずにおカネだけ出すのではなく、自分のセンスを活かして孫のファッションコーディネートをしようとします。

となると、子ども向けの商品を買わせるには、まず祖父母が理解できて、そのセンスに合うようなものでなければいけません。逆にいうと、そういう商品をつくれば、そこに大きなビジネスチャンスがあるということです。

【2】祖父母と孫のお出かけや旅行

忙しいパパ・ママの代わりに、祖父母と孫でのお出かけや旅行も多くなるでしょう。

その点で、今後伸びる可能性があるのは、まず**「キャンピング」**です。

ワイルドマジック内のセンターパーク（WILDMAGIC THE THIRD PARK）

団塊世代が30代でニューファミリーを始めたとき、ワゴン車で子どもを連れてキャンプに行きました。だから団塊ジュニア世代もキャンプが好きです。

そこであらわれたのが**「グランピング」**です。

「グラマラス」と「キャンプ」を掛け合わせた造語で、面倒な準備や後片付けは運営施設に任せ、手ぶらで行って高級ホテル並みに優雅なアウトドアを満喫できる新しいキャンプスタイルです。実際、東京・豊洲の「WILDMAGIC（ワイルドマジック）」は、「新3世代」に大人気となっています。

さらに、**「テーマパーク」**は、新3世代からは「ディズニーランド」をはじめ、祖父母自身が先導し、楽しみます。孫に教えます。その意味では、最も爆発力があるといえるかもしれません。

[3] ウォーキングとゴルフ

スポーツでは、平日の**ウォーキング**と**ゴルフ**がさらに流行ると予想されます。団塊世代が得意なスポーツが、じつはその2つだからです。

リタイア後、ゴルフを孫に伝承しようとする団塊世代もいると思われます。新3世代ゴルフが広がりそうです。

［4］SNSなどのコミュニケーション・ツール

この「新3世代」には「つながろう」という意識が強いので、**コミュニケーション・ツールにも大きなビジネスチャンスがあります**。

LINEなどのSNSやデジタル通信の手段は、いまよりもっと新3世代家族間で使われるようになり、家族間のベーシックなコミュニケーション・ツールになるでしょう。

［5］キャラクター

キャラクターものも、「友達3世代」のコミュニケーション・ツールとして大いに流通するでしょう。2014年に大ヒットとなった妖怪ウォッチは最初から団塊祖父母を計算に入れていたことがヒットの秘密だといわれています。

さらに、祖父母が知っているキャラクターは強く、団塊世代&ポパイ・JJ世代は自分がゴジラや鉄腕アトムで育ちウルトラマンに夢中になったので、ガンダムなどのキャラクターへの理解度も高い。そういうキャラクターが、また孫世代に広がる可能性もあります。

「団塊&ポパイ・JJ」はひとつながりの大きなマーケットになる

団塊世代とポパイ・JJ世代はもともと感覚が近いところがあり、ひとつながりで社会現象や文化現象を起こしてきたので共通項を見出しやすい。

「団塊世代＝ホット」「ポパイ・ＪＪ世代＝クール」という違いもありますが、ファッションや流行を自分のものにしたという点では共通しています。

団塊世代を象徴するものとして、ジーンズ、ミニスカート、Ｔシャツ、アイビールックがありますが、これらはもともと欧米から来たものです。ポパイ・ＪＪ世代はそこから個人消費に向かい、自分たちでオリジナルのファッションや流行を生み出してきました。音楽の面でも、吉田拓郎や井上陽水、ユーミン、サザンオールスターズなどニューミュージックを好むという点で共通しています。

このように、**両者の違いではなく共通項を見ることで、いろいろなビジネスチャンスを考えることができます**。

たとえば、**大人のカジュアルファッション**もそのひとつです。

博報堂新しい大人文化研究所では、「50代になったらジーンズの似合うカッコいい大人になろう」というコンセプトで「ジーンズ・フィフティ」を提案しています。

この世代は、いちばんカジュアルなものとしてＴシャツをユニクロで買っています。もう少し違ったアレンジをしたものを買いたいとなると、ユナイテッド・アローズやＳＨＩＰＳなどのセレクトショップに行きます。

また、**「第三次バイクブーム」**がいま起きており、バイクの売れ行きが好調です。

リターンライダー
（「大人たちのライダー塾」
ヤマハ発動機／時事）

それも団塊世代&ポパイ・JJ世代が中心となっています。若いころにバイクに乗り、いったん降りたものの、再び乗り始めたリターンライダーが非常に増えているのです。

ちなみに、いま**「第三次ミニ四駆ブーム」**も起きています。

これは団塊ジュニア世代の子どもたちにウケています。団塊ジュニア世代が子どものころにミニ四駆が流行ったので、子どもにミニ四駆を買ってあげて一緒に楽しんでいます。このように**人口ボリュームが大きいので、リバイバルブームが起きやすい**のです。

音楽の面では、オールディーズはほぼ団塊世代&ポパイ・JJ世代で消費されています。

昨今、CDの売上げは下がり気味ですが、2012年に山下達郎とユーミンのベストアルバムが発売され、久しぶりにCDの売上全体が前年増となりました。それほど**消費の面でインパクトをもっているのが、この「団塊世代&ポパイ・JJ世代」の組み合わせ**です。

ポパイ・JJ世代も現在、50代。

消費意欲のある彼らの動向は**「50代消費」**として注目されてきましたが、それがいま実態としてあらわれてきているのです。

『DRESS』創刊号（2013年4月）

『オトナミューズ』創刊号（2014年3月）

「新人類&バブル」はパワフルコンシューマー

新人類世代とバブル世代も、もともと共通項の多い世代です。

若いときに「オタク」と呼ばれたり、アニメに熱狂したり、ディスコ、クラブに通ったという体験も共通しており、両者は同じ感覚をもちやすい。

新人類世代の中でも突出して消費する層の動向をかつて「エリート消費」と呼びましたが、それを世代全体で華々しく実践したのがバブル世代です。バブル世代は消費意欲が最も高い世代といえます。

新人類&バブル世代は男女雇用機会均等法の第一世代であり、共働き夫婦が多いことも消費を後押ししています。

ずっと働いてきた彼ら彼女らは、「私たちがトッププランナーだ」という意識も強い。いまの世の中でいちばん先端を走っているのは、この世代かもしれません。

新人類&バブル世代向けに2010年10月、女性誌『GLOW』（宝島社）が創刊されました。これは40代がターゲットなのに、主婦誌でもママ誌でもなく、女性誌です。

『GLOW』の成功を受けて、2014年3月、『**オトナミューズ**』（宝島社）が創刊されました。『**DRESS**』（gift）、『**GOLD**』（世界文化社）といった女性誌も続々と創刊され、新人類&バブル世代はこうした雑誌から先端のファッション情報を仕入

『GOLD』創刊号（2013年10月）

「雪マジ!19」

れています。

バブル世代の子どもは、いま高校生ぐらいです。

じつはスキー人口が減り続ける中で、ここ数年は若いころにスキーをしていたバブル世代が高校生の子どもを連れていくため、**スキー人口がまた戻ってきています**。

そのような流れの中で、2011年11月に始まった「雪マジ！19」というプロジェクトは、2014～15年のシーズンには全国181のスキー場が19歳だけ限定でリフト券を無料にして効果を上げました。

いまの高校生はその上の大学生よりも派手で、潮目が変わってきているように感じます。

バブル世代の親の影響で、消費意欲がささやかながら戻ってきているのです。たとえば、**お茶をするにしてもドトールではなくスターバックスに行くといった程度の「いいもの志向」をもっているのが彼ら彼女らの特徴**です。

バブル世代の母親が子どもを連れていろいろなところへ遊びに行くので、自然と子どもに受け継がれているのです。

この**新人類＆バブル世代は子育てが一段落して、時間もおカネもあります**。

とくに消費対象になっているのは、やはりアイドルグループの嵐です。コンサートの動員は89万人（『日経エンタテインメント！』調べ）。ファンクラブの会員数もＳＭＡＰ以上です。

母親はマツジュン（松本潤）のファンで、娘はニノ（二宮和也）を応援するといった調子で、子どもと一緒になって、まさに友達同士のように楽しんでいるのです。

「団塊&ポパイ・JJ&新人類&バブル」でタテにつながるクラスター

いま見たように、団塊&ポパイ・JJ&新人類&バブル世代までは、年代やライフステージの違いはあるものの、共通項もたくさんあります。

日本人の0歳から100歳までを並べると、**団塊世代でひとつの断絶**があります。団塊より上の世代は、いわゆるシニアという雰囲気もあります。

したがって、**団塊ジュニア世代でもうひとつの断絶**があり、この世代から格差が出てきます。

「団塊世代からバブル世代まで」の多くの共通項が見つかれば、世代を縦断して広がりのあるビジネスチャンスも見えてきます。

断絶と断絶の間の**「団塊世代からバブル世代まで」はタテに括《くく》ることができます**。さらに**団塊よりも上、団塊ジュニアより下も括ることができます**。

たとえば、**「ちょい不良《ワル》」**。

男性ファッション誌『LEON』（主婦と生活社）は、バブル世代や新人類世代に加えて団塊世代も買っています。40代も50代も60代も、同じ感覚を共有する人たちが増えており、たんなる「おっさん」ではなく「新しい大人」が出現しています。

桜島とクルーズトレイン
ななつ星
（渡辺直昭／時事通信フォト）

先ほど述べた「リターンライダー」は、バイク好きの団塊世代からバブル世代まで集まって楽しんでいます。

バイクメーカーは第三次バイクブームを機に、「若者たちにももっとバイクに乗ってほしい」と仕掛けていますが、それはそれとして、「大人のバイク」という永続的なマーケットを確立することはもっと大きなビジネスチャンスになるのではないでしょうか。

せっかく「団塊世代からバブル世代まで」のバイク好きたちがやる気になっているのだから、このマーケットを盛り上げる。自分が乗りたいと思えば高額なバイクも買ってくれるでしょう。そうすれば、「大人のバイク」といういまの若者があこがれるようなカッコよくて魅力的なマーケットができて、若者が大人世代になったときに、また乗ってくれるようになるでしょう。

旅行にもビジネスチャンスがあります。

50代以上になると、家族旅行は卒業して夫婦二人旅や仲間旅になっていきます。二人旅の象徴的なヒットはＪＲ九州のクルーズトレイン**「ななつ星　ｉｎ　九州」**の旅です。全日空の秘境探検ツアーも人気です。もともと雑誌文化の中で生きてきたので、雑誌で特集されるような世界遺産や秘境ツアーにひかれるのです。

この「団塊世代からバブル世代まで」には多くのビジネスチャンスがあり、従来型の「何十代男性・女性」といったヨコのターゲット設定の限界を破る可能性があります。

3 社会的な《クロスジェネレーション》

では、ビジネスの枠を超えて「社会全体」の視点で見ると、「クロスジェネレーション」にはどんな可能性があるのか。ここではわかりやすい例を7つ紹介します。

可能性❶

「母息子」の関係も密接に

母親と子どもの結びつきが強いのは、何も「母娘」だけではありません。**「母息子」の関係も、昔に比べれば随分と密接**になっています。

息子の入社式についていく母親について、しばしば語られます。思春期を過ぎてなお母親が好きな息子は「マザコン」と批判されがちですが、元来、偉人の話には立派な母親が出てきます。母と息子の適度なコミュニケーションが、これまでにない柔軟な母息子関係を築くことを期待したいものです。

新人類世代・バブル世代の母親とさとり世代の息子から、「母息子」消費もかなり増えています。

母親と息子が同じ化粧水を使っているケースもあれば、母親が息子のために買い物をしたり、息子が母親の意見を参考に買い物をするケースもあります。これまでにない「新しい男性像」が生まれています。

可能性❷

友達親子は「父息子」「父娘」にも波及

団塊世代から始まったのが「友達親子」ですが、**「母娘」「母息子」だけでなく、「父息子」「父娘」の関係も友達感覚になっています**。

「父息子」は歴史的には家督相続という重い関係があり、しばしば対立も起こりました。いまその「父息子」にも友達感覚が芽生えているというのは、新しい時代の象徴ともいえそうです。父親は大人の先輩としての経験を活かしつつ、息子のいい友人になることが期待されます。

「父娘」は最も希薄な関係になりがちですが、ポール・マッカートニーのコンサートを「父娘」で観に行くといったケースもあるようです。社会的なテーマや文化的なテーマを語り合える「父娘」も増えています。

可能性❸

「2世代子育て」という新しい育児が広がる

「孫育て・孫ケア」は母も娘も自嘲気味に語りがちですが、そもそも育児を100％若い母親が担うのは、戦後日本の核家族時代における特殊条件下だからこそできたこととはいえないでしょうか。

たとえばアメリカでは、ベビーシッターが社会に深く根を下ろしています。

日本でも、若い母親ひとりに育児を負わせるのではなく、**母娘による「2世代子育て」**をもっと積極的に進めてもいいと思われます。必要なのは、社会的な認知と、そのためのよい方法の探求です。

可能性❹

「教えてほしい孫」「教えてあげる祖父母」の増加

以前、祖父と孫のコミュニケーションを調査したところ、孫が祖父にしてほしいことの1位が**「教えてほしい」**でした。孫は祖父母に対して、何も高いゲームや服を買ってもらうことだけを期待しているわけではないのです。

団塊世代の祖父から孫へは、山や川などの自然やSL、ディズニー、ビートルズ、ファッションなど「教えられること」は山ほどあります。

釣りをしながら人生の機微を教えるといった洋画に出てくるような祖父像は、いまこそ求められているのです。

可能性❺

「趣味でクロスジェネレーション」には大きな可能性がある

バイクや山登り、音楽など趣味が同じ人同士は、たとえ年齢が違っても一緒に楽しめるものです。世代が違うからこそ生まれる発見もあれば、お互い知り得ない情報を交換できる利点もあります。

音楽では、「おやじバンド」の次に**「大人と若者バンド」**が流行る可能性もあります。矢沢永吉が「Z's（ゼッツ）」というバンドを結成しましたが、これは60代の矢沢が20代、30代のメンバーを募ったものです。

団塊世代以降は、若者と一緒に音楽ができるので、今後はこうしたバンドがさらに増えることも考えられます。お互いの感性に新鮮な驚きもあり、かつてない新しい音楽が誕生するかもしれません。

可能性❻

「地域でのクロスジェネレーション」で地域間交流がもっと盛んに

この**「地域間交流」が、社会的に見たときに最も期待される点**です。

本書で述べたように、さとり世代には「地域の同級生などとの結びつきが強い」という特徴があります。一方で、リタイアした団塊世代の男性も同窓生とのコミュニケーションを復活させており、「地域に貢献したい」という気持ちもあります。だとすると、「団塊世代が若者を支える」という形で結びつけば、素晴らしいクロスジェネレーションが実現できます。

それは豊かな地域社会をつくることにもなります。若者とおじさんのボランティアが協力し合った東日本大震災は、そのことを多くの人に気づかせました。

クロスジェネレーションで自助・共助がなされ、それが全国各地に広がれば、日本に豊かな市民社会が到来するでしょう。

可能性 7

団塊ジュニア世代が、世代間コミュニケーションを加速させる

団塊ジュニア世代は親世代ともコミュニケーションできる一方で、さとり世代とも親和性があります。上の世代と下の世代をつなげる重要な**「橋渡し世代」**といえます。

団塊ジュニア世代はアラフォーに差しかかり、少し時間的なゆとりも出てきたので、これから上と下の世代を横断し、いろいろなことをつなげていくかもしれません。

団塊ジュニア世代は経済的にも、上と下の世代の価値観を内蔵しています。

若者にも人気の無印良品（時事）

青春期までは景気がよかったのでバブル感覚もありますが、おカネがなくなれば贅沢できないことも身をもって知っており、下の世代の堅実さもよく理解しています。

その団塊ジュニア世代が上下の世代に広げているのが、無印良品でありグランピングでありユニクロです。

ビジネスに限らず、社会的なコミュニケーションでも、上下の世代をうまくつなげる橋渡しの役割を担えば、もっと世代間コミュニケーションは進む可能性があります。

4 日本の未来へ

私たちの未来というのは、大人世代と若者世代の両者が相まってつくるものです。両者が交流・協力し合う社会は理想であり、とりわけ大人世代が若者世代を支える社会は望ましい社会といえるはずです。

年金制度が若者の負担になっている現状は簡単には変えられませんが、日ごろから大人世代に支えられることが多くなれば、若者世代も「ある程度は負担してもいいかな」という気持ちになるかもしれません。

P・F・ドラッカーが天寿を全うする前に、**「日本は世界をもう一度リードできる」**と言いました。世界中が高齢化する中、日本は少子高齢化が世界に先駆けて進んでいることに加えて、日本には定年制があるということがその理由です。

定年があるから団塊世代が大量にリタイアし、それまで会社で仕事をしていた団塊世代がボランティアをするようになる。あるいはボランティアと仕事を半々にするようになる。より社会的なことに従事することが期待される。そういう人がたくさんいる社会は、世界のモデルになるといわれたのです。

すでにリタイアした団塊世代で地域活動をしたり、社会的活動に従事している人も多くいます。ドラッカー教授の予見が現実になりつつあるということがいえそうです。**世代間交流・世代間協力の輪が広がり、とくに大人世代が若者世代をサポートするような社会になれば、まさに世界のモデルになる**でしょう。

少子高齢化社会のネガティブな側面ばかり注目されますが、その**少子高齢社会にこそ日本が世界をリードするチャンスがある**のです。

かつてのように、たんに経済的にリードするのではなく、社会や生活のあり方でモデルになり、リードする。世代間交流・世代間協力は、その重要なポイントになるでしょう。

少子高齢化社会は、先進国が避けて通れない課題です。中国や韓国も同様だといわれています。

日本がその課題に対して有効な解を提示することができれば、それは未来へ向けて**「世界のモデルとしての日本」**になる大きな可能性を秘めているといえるのです。

【特別付録】団塊世代からさとり世代までの流れを改めて総括する【阪本節郎】

1 世代の流れと社会・時代の変化

「世代」は時代とともにあり、時代を反映します。

世代を見ることで時代が見え、世の中の流れが見えてきます。ここではもう一度俯瞰することで、社会全体の大きな流れとそのあり方を探ってみたいと思います。

本書で見てきたように、**戦後の日本社会は「団塊世代」がひとつの節目**になります。その後、「ポスト団塊世代」である「ポパイ・JJ世代」につながり、それが次の「新人類世代」を準備しました。

「新人類世代」は、そのネーミングどおり社会に大きな変化をもたらし、次の「バブル世代」がひとつの頂点をつくりました。その頂点が大きく転換したのが、続く「団塊ジュニア世代」。それを経て現在の若者たちである「さとり世代」へとつながって

[図表] 世代の全体図

60代	団塊世代	真性団塊世代／1947～49(昭和22～24)年生まれ 広義の団塊世代／1947～51(昭和22～26)年生まれ
50代	ポパイ・JJ世代 (ポスト団塊世代)	1952～60(昭和27～35)年生まれ
	新人類世代	1961～65 (昭和36～40)年生まれ ＊広義には1961～70(昭和36～45)年生まれでバブル世代を含む
40代	バブル世代	1966～70 (昭和41～45)年生まれ
30代	団塊ジュニア世代	1971～82(昭和46～57)年生まれ
20代	さとり世代	1983～94 (昭和58～平成6)年生まれ
10代	ポストさとり世代	1995～(平成7～)年生まれ

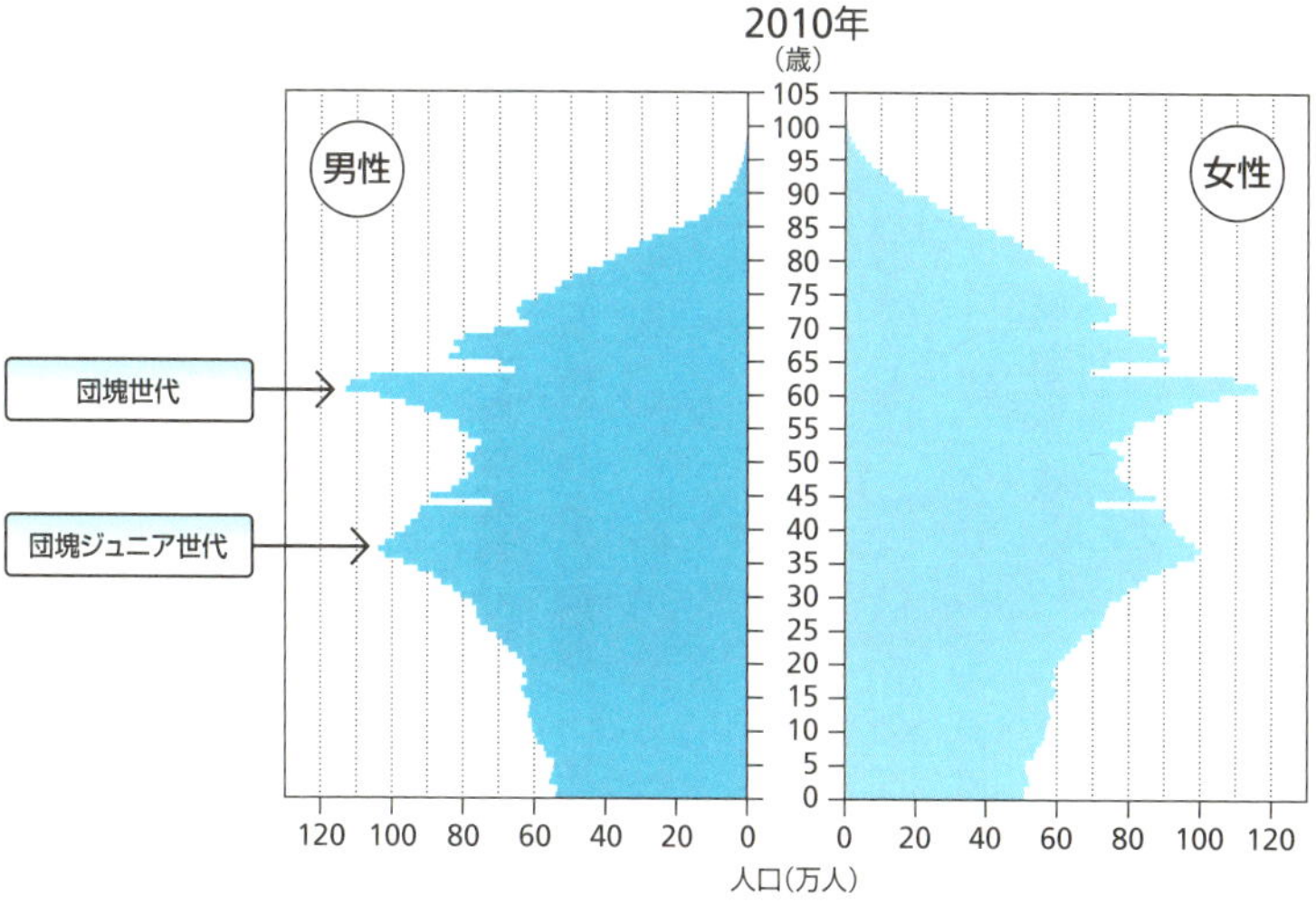

出典：1920～2010年／国勢調査、推計人口、
2011年以降／「日本の将来推計人口（平成24年1月推計）」 国立社会保障・人口問題研究所

いきます。

こうした世代の流れは、そのまま日本の戦後史であると同時に、社会がこれまでどう変化し、現在どうなっているか、そして未来にどう変化していくかを示唆するものでもあります。

◆「戦争の呪縛」からの解放

「団塊世代」の時代は、戦後日本史の中で、まさに大きな変わり目だったといえます。

先述したように、その最大の特徴は**「『戦争の呪縛』からの解放」**。彼らが青春期を過ごした1970年に「戦争を知らない子供たち」という歌が流行ったのは、その象徴です。

それ以前の世代は、どのような形にせよ、戦争の影響を色濃く受けていました。「滅私報国」、まさに私を滅して全体に奉仕する戦争でした。

1945年（昭和20年）の終戦・戦後復興から、1950年代以降の高度成長期にかけて、「もはや戦後ではない」といわれつつも、戦争の記憶は日本社会を覆っていました。

それが、戦後生まれの団塊世代からはその重い記憶が消え、「戦争なんか知らないよ」と歌ったわけです。重石がとれた解放感が、社会全体に広がりました。

しかし、団塊世代は「戦争の呪縛」からは解き放たれつつも、別の重石を抱えていました。それは「保守」と「革新」、「右」と「左」という、大きな2つの対立軸の中で物事を考えようとする**「思想の呪縛」**です。

つまり、**「戦争の呪縛」からは解放されたものの、「思想の呪縛」からは自由になれなかった、それが団塊世代**なのです。

◆「思想の呪縛」からの解放

こうした**「思想の呪縛」からも解き放たれたのが、新人類世代**です。

「新人類世代」の章で記したように「戦争の呪縛」だけでなく「思想の呪縛」からも解放され、「保守」と「革新」、「右」と「左」という二項対立の意味そのものが低下していきました。

当時、「新人類の旗手」であり、さまざまな思想を軽やかに比較し面白がったのが、彼らの先輩格だった京都大学助手（当時）の浅田彰だったのです。

その後、ベルリンの壁が崩壊、「米ソ冷戦」も終焉を迎えました。

「戦争の呪縛」「思想の呪縛」という2つの大きな呪縛から解放された新人類世代はビジネスに邁進し、経済はどんどん上向きになっていきました。

その頂点に達したのがバブル時代。「ジャパン・アズ・ナンバーワン」とまでいわれ、日本は世界から見ても絶頂期を迎えました。

「戦争」と「思想」という2つの大きな呪縛から解放され、当時、**「一億総中流」**といわれて国民全体がそれなりに豊かになりました。ある意味では、いい社会が到来し、敗戦後の苦難を乗り越え、高度成長を成し遂げ、頂点に達したかに見えました。

しかしその後、待っていたのはバブルの崩壊です。

せっかく日本が「格差解消」という歴史的課題を解決できたかに見えたのに、後戻りを始めてしまいました。

◆「享楽の崩壊」から「個の消費」へ

バブル崩壊は、すなわち「享楽の崩壊」です。

90年代に入って日本経済が疲弊すると、欧米の日本に対する関心は低くなり、「ジャパン・パッシング（Japan passing）」「ジャパン・ナッシング（Japan nothing）」とまでいわれるようになりました。

バブル崩壊の負債を背負った世代のトップバッターが「団塊ジュニア世代」です。

彼らは就職氷河期世代で、フリーターを大量に生み出し、所得格差が大きくなり、その次の「さとり世代」へと続いていきます。

「さとり世代」になると、『「嫌消費」世代の研究』（東洋経済新報社）や『欲しがらない若者たち』（日経プレミアシリーズ）といった本も出版され、２００７年8月22日付の『日経ＭＪ』では、「巣ごもる20代」というタイトルで特集記事が組まれました。

この記事によると、さとり世代の若者たちは「車は不要。モノはそれほど欲しくない。お酒もあまり飲まない。行動半径は狭く、休日は自宅で掃除や洗濯にいそしむ。増えていくのは貯金だけ」とされています。

少々大げさにいえば、**さとり世代を中心に、いまの若者の間で「従来型消費の崩壊」が起こっている**のです。

右肩上がりの時代に若者たちが飛びついた車や海外旅行やお酒に、さとり世代の若者はホットな関心を示さない。わざわざ都会に出たりブランド品で着飾ることなく、地元に留まり、地元の仲間と気楽に過ごす時間を大切にする。

それは別の角度から見れば、**消費行動について「個」が確立してきた**ともいえます。つまり、「世の中の多くの人たちがもっているから、自分ももたなければ遅れをとる」という付和雷同的な消費スタイルが終わりを告げ、自分が本当に必要なものや本当に欲しいものを欲しい形で充足させるようになる「個」の選択が定着したのです。とはいえ、自分の周囲は気にしているので「個」と「仲間」といえるかもしれません。

その「個」も団塊世代のときは「自立すべし」「個を確立すべし」といった高邁な概念や努力目標でしたが、それがいくつかの世代を経て、より自然な生き方になった、それが「さとり世代」だということもできます。

このように世代を追って見てみると、**「『全体』から『個』へ」という大きな流れ**が見えてきます。しばしば「さとり世代」は批判もされますが、社会が行き着いたひとつのゴールとして、積極的な社会的意義を見出すこともできます。

「一億総中流」のときのように、浮かれてしまっているうちになくしてしまわないようにしたいものです。

◆女性の解放

もうひとつ、いまから100年ほど前の大正時代初期に、平塚雷鳥が青鞜社を設立（1911年）して「女性解放運動」の起点となりました。

その約50年後の団塊世代のころにウーマン・リブが起こり、実際の参加者は少数でしたが「女性の自立」に多くの若い女性が共感しました。

そして新人類世代の1986年に男女雇用機会均等法が施行。本格的な女性の社会参加が始まりました。まさに**「女性解放の100年」**だったわけです。

そして現代、さとり世代からは専業主婦願望が語られています。親にいわれたわけではなく、自分の意志として表明していることが重要です。

今後の行方はわかりませんが、たしかに陰の存在になりがちだった女性が社会でしっかりとポジションを確立し、自ら意志表示をするようになったことは間違いありません。少なくとも消費の面からは、明らかに団塊世代以降、女性がリードしていることは確かです。

「『全体』から『個』へ」という流れと**「女性の自立」**。

この2つによって、男性も女性も「個」になったのです。

2 世代の流れと文化・仕事・家族の変化

◆団塊世代と団塊ジュニア世代が時代の転換点

世代全体を通して見ると、**「団塊世代の前後」と「団塊ジュニア世代の前後」が大きな節目**であり、そこで**社会的な価値の大転換**もありました。

戦後復興世代からバブル世代までは、経済がずっと右肩上がりでした。

そして、団塊世代が若者文化をつくり、若者が「トレンドセッター」になりました。団塊世代、ポパイ・JJ世代、新人類世代、バブル世代――彼らはみんな若いころに「トレンドセッター」と呼ばれた人たちです。

しかしその後、バブルが崩壊。団塊ジュニア世代以降、経済はずっと右肩下がりが続いています。

仕事の仕方も、それぞれ団塊世代と団塊ジュニア世代の前後で変わっていきます。

団塊世代までは仕事がブルーカラーとホワイトカラーに分かれました。たとえば、地方から集団就職で都会に出て工場で働くのがブルーカラーで、そのヒロインが若き日の吉永小百合でした。

やがて工場での労働は機械化・電子化され、肉体労働のブルーカラーはオペレーションをする社員に変わっていきました。販売業も大規模小売業が中心になり、団塊世代以降は多くの若者が正社員になりました。

そして1980年代、新人類世代の人たちが20代のころに男女雇用機会均等法が施行され、そこから総合職の女性社員が誕生します。

やがてバブル期を迎え、そのころから派遣社員やフリーターが登場。雇用形態が正社員、派遣社員、フリーターの3つになりました。

そういう意味で、バブル世代の時期に働き方にひとつの大きな山があり、その後の団塊ジュニア世代以降、経済状況は下っていったといえます。

若者が時代をリードし「若者文化」を興したのが団塊世代であり、**バブル崩壊後の「右肩下がり」と就職氷河期を最初に経験したのが、その子どもたちである団塊ジュニア世代**です。団塊ジュニア世代が就職するころから、フリーターや派遣社員が増大したのです。

大学時代から携帯電話をもち始めたのも団塊ジュニア世代です。彼らの時代にさまざまな社会現象が起こり始めています。

やはり数がものをいうところがあり、**団塊世代と団塊ジュニア世代が日本社会のあらゆる面で重要な起点になっている**といえます。

◆家族制度も大きく変化

文化と仕事に加えて、もうひとつの大きな変化は**「家族制度」**です。

100年前の大正デモクラシーの当時は、まだそれは概念としてのデモクラシーであり、家族制度という意味ではまだ封建的でした。家父長制度、日本的な大家族制が第二次世界大戦後まで続きます。この大家族制の終わりごろに団塊世代がいます。

戦後の高度経済成長期に入ると、戦中・戦後世代が社会の担い手となりました。地方から東京に出て集団就職したり、東京の大学を出てそのまま東京の会社に就職したりといったことが一般的になり、そういう人たちが団地に住んで、**「核家族」**が生まれたのです。

その核家族が長い間、日本の中で**「標準家族」**といわれてきました。

ヤングパパとママに子ども2人。

そういう標準家族を日本の企業は中心的な対象層にして、家電製品や即席ラーメンをつくり、スーパーマーケットで買い物ができるようにしてきました。広告会社もヤングパパとママに子ども2人を描いて広告をつくりました。視聴率が世帯視聴率なのも、その単位が基本になって現在に至っているからです。

ところが最近では、その標準家族がだんだん「標準」でなくなっています。子どもが自立し、家族はバラバラになり、標準家族の割合が減り、単身世帯が非常に増えています。政府の調査でも、**いまではむしろ「夫婦と子世帯」よりも「単独世帯」の数のほうが多くなっている**のが現状です。

つまり、**日本で「一番多い世帯は、ひとり暮らし」になった**のです。

2010年にNHKが発信した**「無縁社会」**という言葉が流行語になりましたが、まさにこの言葉はいまの日本のある側面を言いあらわしています。

◆ふたたび家族の「絆」が注目されている

日本は戦後、家族形態という意味では**「大家族」から「核家族」「単身世帯」へ**と変化を遂げました。それが2011年の東日本大震災を経て、**いまふたたび家族の「絆」が注目**されています。

世帯の形態という外形的変化だけでなく、家族意識の面から見ると、次のようなことがいえます。

核家族のころはまだ封建的な色彩が残っているので、「子は親に従うべし」という考え方がありました。ところが、団塊世代が結婚して「ニューファミリー」と呼ばれるようになり、そこからどんどん家族の意識は変わっていきました。

団塊世代は親になると、「君たち、自由にやりたまえ」といって、子どもを押さえつけなくなった。子どもも親に従わない。家族自体が自立した人間の集まりのような感覚になりつつあります。

人口の多い団塊ジュニア世代からフリーターが増え、いま彼らは中高年になっています。その親である団塊世代は、自分たちが親と衝突してきたがゆえに、自分の子どもを縛るわけにはいきません。もちろん就職氷河期という現実的な事情はありましたが、「自由にやったらいいんじゃない」と、物わかりのいいことをいっていたら、フリーターになる子どもが続出しました。

こうした家族形態や意識の変化の中にいる団塊世代に、「同居」志向か、「近居」志向かの調査をしてみると、**大多数が「近居」志向**だということがわかりました。

自身の親とも「近居」で、自分の子どもとも「近居」志向が圧倒的に多いのです。隣居も非常に増えています。つまり、**お互いのプライベートは邪魔したくないが、いいコミュニケーションはもちたい**というわけです。

一方の子ども家族の側では、団塊ジュニア世代以降、若者の雇用が不安定になり、親に住居や金銭的に依存しパラサイトせざるを得ない若者たちが増えたことも特徴です。

また団塊ジュニア世代以降、とくにさとり世代にその特徴が顕著ですが、**地元志向が大変高まっています**。

自分の生まれ育った地域を愛し、親のそばに住み、小・中学校時代の友達と大人になっても仲良く過ごしたい。子どもの側も「近居」志向になっています。

お互いに自立しながらも、家族は「近居」でいいコミュニケーションを保ちたい。実際、家族割が大流行りになるなど、ケータイ・コミュニケーションもいまや家族の中では当たり前になっています。

まさにいま**「核家族」から「ネットワーク家族」へという新たな変化**が起こっているのです。

◆これからの社会

『全体』から『個』へ、「ネットワーク家族」へ、俯瞰すると、この100年、そして団塊世代からさとり世代へ、日本の社会は明らかに進化しているように見えます。

それは生活者が起こした変化です。天災があっても、戦争があっても、厳しい経済状況があっても、むしろそれを糧にしながら起こしてきた変化です。

世代を流れとしてみることで、そのことが見えてきます。「クロスジェネレーション」はこれをさらに活性化させていくでしょう。

もちろん単純に、直線的にそうなるわけではありません。しかし、いままで同時代の同年代によって形づくられて来た各世代に、いま、タテにつながる兆しが見え始めています。少子高齢化の中の新たな兆しです。世代間の豊かなコミュニケーションの可能性です。

これからの社会の姿がそこからほのかに見えて来るようです。

【著者紹介】
阪本節郎（さかもと　せつお）
1952年、東京都生まれ。早稲田大学商学部卒業後、博報堂に入社。プロモーション企画実務を経て、プロモーション数量管理モデル・対流通プログラム等の研究開発に従事。その後、商品開発および統合的な広告プロモーション展開実務に携わり、企業のソーシャルマーケティングの開発を理論と実践の両面から推進。2000年エルダービジネス推進室開設を推進し、2011年春、発展的に「新しい大人文化研究所」を設立。所長を経て現在、統括プロデューサー。
著書に『50歳を超えたらもう年をとらない46の法則』（講談社+α新書）、共著に『団塊サードウェーブ』（弘文堂）、『巨大市場「エルダー」の誕生』（プレジデント社）、『団塊の楽園』（弘文堂）がある。

原田曜平（はらだ　ようへい）
1977年、東京都生まれ。慶應義塾大学卒業後、博報堂に入社。ストラテジックプランニング局、博報堂生活総合研究所、研究開発局を経て、2015年現在、博報堂ブランドデザイン若者研究所リーダー。多摩大学非常勤講師。2003年、JAAA広告賞・新人部門賞を受賞。専門は若者研究で、日本およびアジア各国で若者へのマーケティングや若者向け商品開発を行っている。また日本テレビ系列「ZIP!」の金曜日レギュラーコメンテーターを担当。
著書に『さとり世代』（角川oneテーマ21）、『ヤンキー経済』（幻冬舎新書）、『女子力男子』（宝島社）などがある。

日本初！たった1冊で誰とでもうまく付き合える世代論の教科書
2015年10月15日発行

著　者——阪本節郎／原田曜平
発行者——山縣裕一郎
発行所——東洋経済新報社
〒103-8345　東京都中央区日本橋本石町1-2-1
電話＝東洋経済コールセンター　03(5605)7021
http://toyokeizai.net/

ブックデザイン……上田宏志〔ゼブラ〕
ＤＴＰ…………アイランドコレクション
カバー写真……高橋定敬／梅谷秀司
編集協力………上田真緒／上岡康子
印　刷…………ベクトル印刷
製　本…………ナショナル製本
編集担当………中里有吾
　Printed in Japan　ISBN 978-4-492-55743-3